natürlich oekom!

Mit diesem Buch halten Sie ein echtes Stück Nachhaltigkeit in den Händen. Durch Ihren Kauf unterstützen Sie eine Produktion mit hohen ökologischen Ansprüchen:

- mineralölfreie Druckfarben
- Verzicht auf Plastikfolie
- Kompensation aller CO_2-Emissionen
- kurze Transportwege – in Deutschland gedruckt

Weitere Informationen unter www.natürlich-oekom.de und #natürlichoekom

GEFÖRDERT VOM

Förderung

Das diesem Buch zugrunde liegende Projekt wurde mit Mitteln des Bundesministeriums für Bildung und Forschung unter dem Förderkennzeichen 01UR1608A gefördert.
Die Verantwortung für den Inhalt dieser Veröffentlichung liegt bei den Autor*innen.

Bibliografische Information der Deutschen Nationalbibliothek:
Die Deutsche Nationalbibliothek verzeichnet diese Publikation in der Deutschen Nationalbibliografie; detaillierte bibliografische Daten sind im Internet über www.dnb.de abrufbar.

oekom – Gesellschaft für ökologische Kommunikation mbH
Waltherstraße 29, 80337 München

Konzeption und Redaktion

Anita Engels | Hauke Feddersen | Joshua Kaewnetara |
Franziska Krieger | Kerstin Walz
Universität Hamburg, Allende-Platz 1, 20146 Hamburg

Illustrationen

Benjamin Gottwald | www.benjamingottwald.com

Gestaltung

Jan Vismann | www.janvismann.com

Druck

Elanders GmbH, Waiblingen

ISBN 978-3-96238-401-2

Erlaubt, machbar, utopisch?

mit Illustrationen von
Benjamin Gottwald

Inhalt

1 – **Erwartungen** 7

Die Autor*innen 16
Kurzdarstellung: Das Projekt Climate Smart City Hamburg – Klimafreundliches Lokstedt 21

2 – **Erlebnisse** 27

Wir haben den Abend überlebt! 28
Das heißt Looooookstedt, nicht Lokstedt 34
Das passende lokale Wissen 40
Nur 30 Haushalte? 44
Lernen am Stammtisch 50
„Das ist für mich kein Klimaschutz" 56
Kommunikation ist Alles?! 62
„Hier dürfen wir nicht stehen" 70
Die Hierarchie der Sachmittel 76
Erlaubt, machbar oder utopisch? 80
Ohne ~~die Alten~~ Alle geht es nicht 88
Sein und Schein – durch den Profilierungswettbewerb zur Transformation? 92

3 – **Erklärungen** 97

4 – **Ergebnisse** 109

Kapitel 1

Erwartungen

Ein Forschungsprojekt startet, alle Beteiligten sind voller Erwartungen. In dem Moment, in dem die eigentliche Arbeit losgeht, hat das Projekt allerdings schon eine lange Vorgeschichte, denn Gelder mussten beantragt und bewilligt werden, damit das Projekt stattfinden kann. Das ist ein mühsamer Prozess mit ungewissem Ausgang, und niemand würde diesen Prozess auf sich nehmen, wenn die Projektidee nicht von positiven Erwartungen begleitet würde. Ein transdisziplinäres Reallabor ist zudem eine ganz besondere Art von Projekt, mit sehr spezifischen Erwartungen und Hoffnungen verbunden. Warum werden Reallabore in Deutschland gefördert, welche Auswirkungen und Ergebnisse verspricht man sich davon?

Der Hintergrund ist die Annahme, dass Reallabore eine positive Funktion übernehmen, die Gesellschaft insgesamt in ihrer Transformation zu unterstützen. Mittel- und vor allem langfristig besteht das Ziel darin, den Planet Erde für möglichst viele nachfolgende Generationen in einem bewohnbaren Zustand zu erhalten. Wir befinden uns in einem Zeitalter, in dem Energie vor allem aus der Verbrennung fossiler Energieträger bereitgestellt wird. Global ist unser gesamtes Institutionengefüge noch immer darauf ausgerichtet und auch davon abhängig, dass fossile Energien genutzt werden können. Daraus ergeben sich erhebliche Folgeprobleme. Der Abbau der fossilen Energieträger erzeugt massive Umweltprobleme. Die Verbrennung von Kohle, Öl und Gas erzeugt Gesundheitsprobleme durch eine starke Belastung der Atemluft. Schließlich hat der Ausstoß von CO_2 seit Beginn der Industrialisierung ein Ausmaß erreicht, das eine Erwärmung der Erde mit gravierenden Folgen für Mensch und Umwelt inzwischen unausweichlich erscheinen lässt. Außerdem ist unser Institutionengefüge global wie lokal so ausgerichtet, dass die Erzeugung von Wohlstand im Großen und Ganzen eigentlich nur unter Bedingungen von Ausbeutung und Ungleichheit erfolgen kann. So werden systematisch – nicht nur als Unfall – Nebenfolgen erzeugt und auf andere abgewälzt, also externalisiert (Lessenich 2016).

Die Gesellschaft steht daher vor der Herausforderung, eine wirklich umfassende Transformation unserer Lebensverhältnisse zu erreichen, um den Klimawandel und andere gravierende Folgen auf der Erde einzudämmen. Diese Transformation kann nur gelingen, wenn gleichzeitig auch Ausbeutungsverhältnisse abgebaut und gerechtere gesellschaftliche Verhältnisse erreicht werden können. Leider gibt es für eine solche willentlich herbeigeführte Transformation kein Vorbild, das als Leitbild und Orientierung dienen könnte. Man spricht hier auch von der „Großen Transformation" (WBGU 2011), die vonnöten ist. Offensichtlich geht eine solche Transformation nur, wenn einige Grundregeln der Gesellschaft geändert werden – wenn also Gesetzgebungen und Finanzierungsformen die Prinzipien der Großen Transformation allmählich wiederspiegeln.

Oft muss erst von Aktivist*innen erkämpft werden, dass solche Änderungen überhaupt ernsthaft im politischen Prozess diskutiert werden. In demokratischen Staatsformen ist die Möglichkeit zu solcherlei Umgestaltungen davon abhängig, dass sie von einer Mehrheit der Wähler*innen legitimiert werden. Aber Wähler*innen sind nicht einfach programmierbar, und ganz bestimmt nicht leicht davon zu überzeugen, dass sich mal eben alles ändern muss. Hier kommen die Erwartungen und Hoffnungen ins Spiel, die mit Reallaboren einhergehen. Durch die Förderung von Reallaboren werden Räume geschaffen, in denen Menschen zunächst im kleinen Maßstab mit Neuerungen experimentieren können. Hiermit ist die große Hoffnung verbunden, dass einerseits eine größere Offenheit gegenüber dem Neuen erreicht werden kann, und dass andererseits aber auch innovative Ideen entwickelt werden können, die wesentlich besser passen als Transformationsideen, die top-down ausgedacht und umgesetzt werden.

In der Fachliteratur zu Reallaboren klingt das so: Das Wort Reallabor knüpft an Untersuchungsmethoden im naturwissenschaftlich-technischen Bereich an. Die Vorstellung einer Laborsituation, in der Wissenschaftler*innen ein Experiment durchführen und auswerten, wird auf eine sozialwissenschaftliche Methode zur Durchführung und Beforschung von gesellschaftlichen Experimenten in der realen Welt übertragen (De Flander et al. 2014). Dabei wird transdisziplinär zusammengearbeitet, das heißt, dass nicht nur Wissenschaftler*innen aus verschiedenen Disziplinen und Fachgebieten zusammenarbeiten, sondern dass die Realexperimente auch gemeinsam mit Praktiker*innen vor Ort durchgeführt werden.

Dadurch werden neue Wissensformen geschaffen und ein gemeinsames Lernen über Veränderungsprozesse ermöglicht. Die konkrete Erfahrung der Veränderung ist dabei ein sehr wichtiges Element. So entsteht in Reallaboren kontextspezifisches Wissen, das auch als „sozial robust" bezeichnet werden kann (Groß et al. 2005). Sozial robust steht hierbei im Unterschied zu wissenschaftlich-abstrakt. Im Prinzip wird so auch die soziale Innovationskraft vor Ort gestärkt, die zur Lösung gesellschaftlicher Probleme eingesetzt werden kann. Es geht darum, die Lebensbedingungen so zu verbessern, dass im lokalen Kontext ökologische, gesunde und wirtschaftlich überlebensfähige Lebensweisen erleichtert werden (Evans, Karvonen 2014).

Was für alles im Leben gilt, finden wir auch hier: Reallabore kommen in der Welt in einer großen Vielfalt vor (Schäpke et al. 2017). Sie nehmen sehr unterschiedliche Ausmaße und Formen an, und natürlich gelingen längst nicht all diese Experimente. Es gibt Reallabore schon seit vielen Jahren praktisch überall auf der Welt. In Deutschland werden sie seit einiger Zeit auch durch öffentliche Förderprogramme finanziert. Das Land Baden-Württemberg hat hier eine gewisse Vorreiterfunktion übernommen, da ab 2015 die sogenannten BaWü Labs durchgeführt werden konnten. Dadurch haben Reallabore als neue Methode des Experimentierens mit Wandel viel öffentliche Aufmerksamkeit erhalten. Das Bundesministerium für Bildung und Forschung (BMBF) hat ebenfalls Programme aufgelegt, in denen solche Reallabore gefördert wurden – darunter die „Leitinitiative Zukunftsstadt", die die Vision einer CO_2-neutralen Stadt verfolgt.

Das Konzept wurde aber auch abgewandelt. So hat das Bundeswirtschaftsministerium vor wenigen Jahren ein eigenes Reallabor-Konzept entwickelt, das sich stärker auf Digitalisierung als auf Nachhaltigkeitsziele bezieht. In diesen Reallaboren geht es um das Experimentieren mit rechtlichen Gestaltungsspielräumen (z. B. mittels einer Experimentierklausel), um technologische Innovationen zu fördern und die Regulierung so zu verändern, dass diese Innovationen leichter stattfinden können (Rose et al. 2019). Wir bleiben aber im Folgenden bei solchen Reallaboren, die im Zusammenhang mit den großen Nachhaltigkeits-Transformationen stehen, da das Projekt Klimafreundliches Lokstedt, um das es in diesem Buch geht, sich in diese Tradition einreiht und im Rahmen der „Leitinitiative Zukunftsstadt" des BMBF gefördert wurde.

In der Forschungsliteratur finden sich natürlich nicht nur positive Erwartungen, die an Reallabore geknüpft werden. Insgesamt gibt es für transdisziplinäre Forschung, also die forschende Zusammenarbeit mit Akteur*innen außerhalb der Wissenschaft, zahlreiche Probleme und Herausforderungen (Lawrence et al. 2022). Projekte können z. B. bestehende Ungleichheiten auch verstärken oder zumindest stabilisieren, wenn nicht sichergestellt ist, dass alle von einem Experiment betroffenen Akteur*innen auch in das Reallabor einbezogen werden (Evans, Karvonen 2014).

Die Rolle der Forscher*innen unterscheidet sich außerdem stark von der Rolle, die sie in einem eher akademisch ausgerichteten Forschungsprojekt übernehmen würden. Während sie im akademischen Forschungsalltag eine klare Trennung zwischen sich selbst als Beobachter*innen und dem Forschungsgegenstand ziehen können, sind sie in einem transdisziplinären Reallabor eher mitten im Getümmel und werden selbst zu Beteiligten. So übernehmen sie manchmal die Rolle der Moderation und Vermittlung zwischen verschiedenen Praxispartner*innen, manchmal aber auch die der Beratung oder gar der Durchführung der Intervention, um die es in dem Experiment geht (Rose et al. 2019).

Kurz zusammengefasst: Transdisziplinäre Reallabore werden typischerweise vorgeschlagen, wenn man gemeinsam mit unterschiedlichen Akteur*innen und Betroffenen im Kleinen etwas Neues ausprobieren möchte, was die Bedingungen für eine große Transformation ein kleines bisschen verbessert oder zumindest sichtbar macht und darüber hinaus neuartiges oder auch sozial robustes Wissen generiert.

Das Projekt Klimafreundliches Lokstedt fügt sich in diesen Erwartungshorizont ein: Das Projekt sollte im Hamburger Stadtteil Lokstedt unter zivilgesellschaftlicher Beteiligung Maßnahmen erarbeiten, anhand derer Stadtteilentwicklung mit Klimaschutz verbunden werden kann. Das Projekt war daher ganz am Anfang eines Experimentierprozesses angesiedelt, denn es ging erst einmal darum, gemeinsam herauszufinden, was überhaupt lohnenswerte Experimente und Ansätze wären. Gemeinsam mit Behörden und der lokalen Bevölkerung haben wir sogenannte Urbane Transformationslabo-

Transdisziplinäre Reallabore werden typischerweise vorgeschlagen, wenn man gemeinsam mit unterschiedlichen Akteur*innen und Betroffenen im Kleinen etwas Neues ausprobieren möchte, was die Bedingungen für eine große Transformation ein kleines bisschen verbessert oder zumindest sichtbar macht und darüber hinaus neuartiges oder auch sozial robustes Wissen generiert.

re durchgeführt (vgl. S. 19f.). Drei Themenbereiche haben wir so bearbeitet: Haushaltsenergie, Mobilität und Abfallwirtschaft. Der Ablauf eines solchen Labors war immer gleich. Im Ergebnis haben wir einen Katalog von sozial robusten Maßnahmen erarbeitet, von dem ganz punktuell am Ende der ersten Projektlaufzeit (2019) einzelne Ideen umgesetzt wurden. In einer Projektverlängerung (2020-22) wurden weitere ausgewählte Maßnahmen experimentell erprobt und von uns weiter beforscht.

An Reallaboren sind sehr unterschiedliche wissenschaftliche Expert*innen beteiligt. Soziolog*innen (wie wir es sind) arbeiten in Reallaboren typischerweise mit Expert*innen aus anderen Sozial- und Geisteswissenschaften sowie aus den Technik- und Naturwissenschaften zusammen. Viele dieser wissenschaftlichen Disziplinen sind darauf ausgelegt, sich mit Planung, Gestaltung, Design und Steuerungs- und Optimierungsaufgaben zu beschäftigen. Sie sind daher in der Grundausrichtung steuerungs- und gestaltungsoptimistisch.

Die Soziologie ist, wenn wir einmal über alle internen Differenzierungen hinwegsehen, als Disziplin eher darauf ausgerichtet, im Hinblick auf Planungs-, Steuerungs- und Gestaltungserwartungen skeptisch bis ausgesprochen pessimistisch aufzutreten. In der Soziologie lernt man frühzeitig, dass intentionale Planung in komplexen und widersprüchlichen gesellschaftlichen Verhältnissen in den seltensten Fällen zum erwünschen Ergebnis führt und dass eher nicht-intendierte Nebenfolgen die Oberhand gewinnen. Interventionen sind eben vor allem Irritationen, deren Effekte nicht vorhersehbar sind. Auch lernen wir im Studium schon zu erkennen, dass Ziele, die zunächst mit großem Enthusiasmus verfolgt werden, abgeschwächt oder auch vollständig umgedeutet werden, wenn sie schwer zu erreichen sind. Auf gar keinen Fall kommen wir auf die Idee, Ziele mit der Umsetzung von Zielen gleichzusetzen. Häufig werden Ziele sogar öffentlich verkündet, um vordergründig auf die Forderung nach Veränderung einzugehen, dann aber unter der Hand weiterzumachen wie bisher. Das Wünschbare wird zumeist nicht von allen gleichermaßen gewünscht, Konflikte sind eigentlich der Normalfall. Häufig stehen der Erfüllung von Wünschen außerdem massive Hindernisse im Weg: gesellschaftliche Macht- und Ungleichheitsverhältnisse, aber auch die Angst vor Veränderungen und die unglaubliche Kraft der Gewohnheit.

Diese fachlich bedingte pessimistische Grundeinstellung bezieht sich auch auf die Große Transformation. Wir wissen, warum gewünschte Transformationen sich normalerweise eben nicht umsetzen lassen, oder jedenfalls nicht schnell und konfliktlos. Unsere soziologische Prägung lässt uns daher auf die großen Transformationserwartungen erst einmal mit vorsichtiger Zurückhaltung blicken. Aber wir sind auch neugierig: Reallabore sind bei aller Skepsis eben auch Experimentierräume, die für Überraschungen gut sind. Und selbst aus gescheiterten Experimenten lässt sich, wissenschaftlich betrachtet, sehr viel lernen. Vor allem sind transdisziplinäre Reallabore ein wunderbarer Weg, um die Überzeugungen und die praktischen Lebenswelten von anderen Akteur*innen außerhalb des universitären Elfenbeinturms kennenzulernen. Die Grunderwartung, mit der wir das Projekt als Soziolog*innen gestartet haben, war also, dass wir mit Sicherheit eine Menge über gesellschaftliche Prozesse lernen können – und ein realistischeres Verständnis der Voraussetzungen für die Große Transformation gewinnen können.

Aber zurück zum Anfang: Wir, die Autor*innen dieses Buchs, waren nicht die einzigen, die mit fachspezifischen Erwartungen in das Projekt gestartet sind. Der Begriff „transdisziplinär" besagt ja gerade, dass sehr unterschiedliche fachliche und institutionelle Perspektiven in einem Projekt zusammenkommen. In unserem Fall waren das zunächst neben einer zweiten Universität, der HafenCity Universität Hamburg, vor allem das Umweltministerium des Landes Hamburg (korrekt: die Behörde für Umwelt, Klima, Energie und Agrarwirtschaft), das Bezirksamt Eimsbüttel, verschiedene Praxispartner*innen wie z. B. die Stadtreinigung Hamburg, der Verband der Norddeutschen Wohnungsunternehmen e. V. und hySOLUTIONS GmbH, eine Gesellschaft für innovative Mobilitätsantriebe in Hamburg. Zusätzlich zu diesen offiziellen Partner*innen ging es in dem Projekt von Anfang an darum, mit möglichst vielen Lokstedter*innen vor Ort und auch zivilgesellschaftlichen Gruppen ins Gespräch zu kommen (vgl. S. 19f.).

Was waren die Erwartungen dieser unterschiedlichen Projektpartner*innen?

Die **Leitstelle Klima der Umweltbehörde** war die Initiatorin des Projekts. Sie wollte gerne ein Leuchtturmprojekt einwerben und wandte sich daher an die universitären Partner*innen mit der Bitte um wissenschaftliche Begleitung und Federführung. In der parteipolitischen Konkurrenz eines Stadtstaates geht es immer auch darum, prestigeträchtige Aktivitäten durchführen zu können. Gleichzeitig war die Behörde mit der Umsetzung des Klimaplans für den Stadtstaat Hamburg beschäftigt, der einerseits konkrete Klimaschutzziele beinhaltete, andererseits aber wenig Möglichkeiten identifizierte, diese Klimaschutzziele auch durch eigenes behördliches Handeln verlässlich erreichen zu können. Im Rahmen des Projektes sollten den Bürger*innen die Ziele und Inhalte des Klimaplans bürgernah erläutert werden, um so den gesellschaftlichen Transformationsprozess zu unterstützen.

Das **Bezirksamt Eimsbüttel** war als lokale Behörde im Projekt involviert und ging mit einer langen Liste von sehr konkreten Fragen in das Projekt, die sich vor allem auf Faktoren für Verhaltensänderungen von Bewohner*innen in Bestandsquartieren bezogen. Es bestand die Erwartung, durch das Projekt wesentliche Einsichten in unterschiedliche und zum Teil neue Formen der Bürger*innenbeteiligung und deren konkrete Vor- und Nachteile zu erfahren. Außerdem versprach man sich im Bezirksamt eine über bisherige Beteiligungsformate hinausgehende lebendige Kooperation mit den Bürger*innen in Lokstedt, um aufkeimende Konflikte über Nachverdichtung, Grünflächenmanagement und die Verkehrswege besser verstehen und mit ihnen umgehen zu können.

Unsere wissenschaftlichen Partner*innen von der **Hafencity Universität** führten im Rahmen des Projekts eine Analyse zu Rolle(n), Motivation und Entwicklung von Pionier*innen der Klimatransformation und der nachhaltigen Stadtentwicklung durch. Es ging ihnen darum, lokale Vorreiter*innen einer nachhaltigen Entwicklung zu identifizieren und deren persönliche Motivation und Entwicklung zu untersuchen sowie aufzuzeigen, wo derzeitige Hürden für die Transformationsaktivitäten liegen. Die Erwartung war, dass durch ein verbessertes Verständnis von persönlicher Motivation und Entwicklung der Pionier*innen Ansätze abgeleitet werden können, um diese gezielt in Beteiligungsprozesse einzubinden, als Multiplikator*innen in lokalen Quartieren zu fördern und lokale Initiativen zu unterstützen.

Die diversen Praxispartner*innen des Projekts hatten sehr unterschiedliche Erwartungen, je nach ihrer fachlichen Expertise oder Zuständigkeit. Am stärksten ausgeprägt waren sicherlich die Erwartungen bei der **Stadtreinigung Hamburg**. Hier wurde sehr schnell deutlich, dass dieser städtische Betrieb bereits seit vielen Jahren mit Nachhaltigkeitsfragen beschäftigt war und sowohl ein Interesse hatte, diese Expertise in das Projekt einzubringen, als auch daran interessiert war, mehr über die Beweggründe der Anwohner*innen herauszufinden, warum nachhaltige Formen der Abfallwirtschaft schwer umzusetzen sind.

Im späteren Projektverlauf kamen weitere zivilgesellschaftliche Gruppen und Initiativen hinzu, und zahlreiche Lokstedter*innen hatten über die Dauer der Projektlaufzeit in der einen oder anderen Form Kontakt mit uns. Aber Erwartungen hatten die Lokstedter*innen zum Zeitpunkt des Projektstarts hierzu sicher erstmal nicht, denn sie wussten ja nicht, dass wir etwas von ihnen wollen würden.

Zu guter Letzt haben wir uns alle aber auch als Privatpersonen auf dieses Projekt eingelassen. Daher schließt dieses Kapitel mit einem kurzen Einblick in unsere jeweiligen persönlichen Erwartungen, die wir mit dem Projekt „Klimafreundliches Lokstedt" verbunden haben – oder wie es damals hieß: ClimSmartLok: Climate Smart City Hamburg – Urbane Transformationslabore im Stadtteil Lokstedt. Damit stellen wir uns auch kurz als Autor*innen dieses Buches vor.

Die Autor*innen

Anita Engels, Professorin für Soziologie, wissenschaftliche Gesamtleitung des Projekts

Das Lokstedt-Projekt war mein erstes Projekt dieser Art. Vorher habe ich mich ausschließlich in der problemorientierten Grundlagenforschung gesehen. Ich hatte zwar zuvor schon viele Praxiskontakte, aber die fanden immer nur mit einer ganz klar umrissenen, selbst definierten wissenschaftlich-soziologischen Fragestellung statt. Für das Lokstedt-Projekt wurde ich von der Leitung der Leitstelle Klima (LSK) in der Hamburger Umweltbehörde kontaktiert. Schon in der Antragstellung fand eine erhebliche Einflussnahme von LSK und dem Bezirksamt Eimsbüttel auf Fragestellung, Handlungsfelder und Durchführung statt. In diesem Fall war das gewollt, man nennt das Ko-Design. Ich bin eine skeptische Soziologin, aber auch ein politisch interessierter Mensch mit der Hoffnung: Sie muss doch möglich sein, diese Große Transformation! Meine konkrete Erwartung für das Lokstedt-Projekt war, dass es extrem arbeitsintensiv wird, dass vermutlich nur wenige Publikationen in hochrangigen Fachzeitschriften rauskommen werden, dass es aber unglaublich viel zu lernen gibt. Ich sah und sehe darin einen guten komplementären Ansatz zu meiner Arbeit im Exzellenzcluster Climate, Climatic Change, and Society (CLICCS).

Kerstin Walz, MA Soziologie, wissenschaftliche Mitarbeiterin und Koordinatorin des Projekts

Ich kam damals aus dem Soziologie-Studium und hatte gerade eine Masterarbeit geschrieben, für die ich auch mit städtischen Partner*innen zusammengearbeitet habe – damals vor allem mit der Hamburg Port Authority, mit einem Fokus auf die Energiewende im Hamburger Hafen. Weiter sehr konkret an Themen städtischer Transformationsprozesse zu forschen – und das in einem Setting mit Akeur*innen aus der Praxis – war für mich die Art von Schnittstellenarbeit, auf die ich große Lust hatte. Für mich war mit dem Lokstedt-Projekt die große Hoffnung verbunden, an den relevanten und realen Prozessen von Stadtentwicklung mitzuarbeiten, die es für eine klimafreundliche Ausrichtung braucht, und Erkenntnisse zu generieren, die auch wirklich und unmittelbar von den beteiligten Partner*innen aufgegriffen werden können. Aber ich hatte auch ziemlichen Respekt davor, so ein Verbundprojekt zu koordinieren und gut über die Bühne zu bringen.

Franzi Krieger, MA Soziologie,
studentische Hilfskraft im Projekt

Im Sommersemester 2016 steckte ich gerade im zweiten Jahr des Bachelor-Studiums der Soziologie. In einer Vorlesung hatte ich von der Hilfskraft-Stelle im Projekt erfahren und entschied mich spontan, mich zu bewerben. Im Vorfeld hatte ich außerhalb der Uni neben dem Studium gejobbt – eine Stelle als studentische Hilfskraft war zu dem Zeitpunkt also noch Neuland für mich. Konkrete Erwartungen hatte ich nicht, ich war vor allem auf die inhaltlichen Themen gespannt. Wie kann Transformation in der Stadt aussehen? Wer wird beteiligt und wer nicht? Welche Vor- und Nachteile bringt unsere Forschung?

Hauke Feddersen, MA Soziologie,
studentische Hilfskraft im Projekt,
heute wissenschaftlicher Mitarbeiter

Ich kam gerade aus dem Bachelorstudium und stand vor dem Master mit dem Wunsch in die Wissenschaft und die sozialwissenschaftliche Klimaforschung einzutauchen. Mein Interesse lag vordergründig darin zu verstehen, wie „pionierhafte Projekte" im Klimaschutz in die Breite getragen werden können. Da ich vorher eher aktivistisch bereits in einigen Stadtteilprojekten aktiv war, die an der Praxis der Behörden und der lokalen Politik gescheitert waren, stand ich dieser Konstellation des Projektes skeptisch, aber auch neugierig gegenüber. Ich hatte schon verstanden, dass eine institutionelle Veränderung, insbesondere zur Thematik des Klimawandels, nur zusammen mit anderen Akteur*innen und eben auch der Stadt erreicht werden kann. Ich war in diesem Zusammenhang neugierig, welche Kompromisse dafür eingegangen werden müssen.

Joshua Kaewnetara, BA Sozialökonomie, studentische Hilfskraft im Projekt

Zu Beginn des Projektes war ich mitten in meinem interdisziplinären Bachelorstudium. Das Projekt war mein erster Einblick in praktisches wissenschaftliches Arbeiten und Forschen, und mein Ansporn war es, theoretische Ansätze auf der Straße auf Herz und Nieren zu prüfen. Bislang bewegte ich mich viel in aktivistischen Kontexten rund um Kohleverstromung oder Verkehrswende, besaß jedoch auch ein großes Interesse für Ansätze klimafreundlicher Transformation im urbanen Raum. Durch das Projekt bekam ich erste Einblicke in die Komplexität transdisziplinärer Forschung. Besonders spannend war dabei die direkte Interaktion mit Lokstedter*innen. Diese offenbarte Unmengen an spannenden Perspektiven und verdeutlichte gleichzeitig die gefühlt unüberwindbare Herausforderung, diese Perspektiven und Eigenlogiken von Behörden und Politik unter einen Hut zu bekommen. Ich bin dankbar für all diese Perspektiven und die Erkenntnisse der Forschung der letzten Jahre in Lokstedt.

Das Buch gliedert sich in folgende Kapitel. Im Anschluss an das Kapitel 1 zu allgemeinen Erwartungen im Hinblick auf transdisziplinäre Forschungsprojekte und unseren eigenen Erwartungen im Besonderen folgt Kapitel 2, in dem wir die prägnantesten Erlebnisse aufgeschrieben haben, die uns im Nachhinein besonders im Gedächtnis geblieben sind. Gemeinsam mit dem Illustrator Benjamin Gottwald haben wir Situationen mit einem Augenzwinkern Revue passieren lassen und nach einer geeigneten Bildsprache gesucht, um die Erlebnisse greifbarer zu machen. Die Beschreibungen verzichten ganz überwiegend auf eine wissenschaftliche Einordnung, die dafür in Kapitel 3 erfolgt. Hier versuchen wir, sozialwissenschaftliche Erklärungen der beschriebenen Erlebnisse für ein breiteres Publikum verständlich darzulegen. Während Kapitel 2 also vor allem Spaß gemacht hat, kommt der wissenschaftliche Ernst in Kapitel 3 wieder zum Zuge. Kapitel 4 stellt dann allerdings die Frage aller Fragen: Was ist eigentlich das Ergebnis von diesem Projekt? Was haben wir erreicht? War es der Transformation dienlich? Was müsste stattdessen passieren? Denn schließlich sind wir jüngst in einem anderen und viel größeren wissenschaftlichen Team zu dem Schluss gekommen, dass die Einhaltung des Pariser Klimaziels – Begrenzung der Erderwärmung auf 1,5 °C bis 2050 – unter jetzt herrschenden gesellschaftlichen Verhältnissen nicht plausibel ist (Engels et al. 2023). Um einen weiteren Dringlichkeitsappell kommen wir daher leider nicht herum – bei allem Vergnügen, das wir beim Schreiben des Buches empfunden haben.

Kurzdarstellung:

Das Projekt Climate Smart City Hamburg - Klimafreundliches Lokstedt

Städte bieten großes Potenzial für den Klimaschutz. Auf der ganzen Welt werden neue Konzepte, Pläne und Ideen entwickelt, um dem Klimawandel entgegenzutreten und Städte zukunftsfähiger zu machen.

Besonders der transdisziplinären Zusammenarbeit zwischen Politik, Verwaltung, Forschung, Praxis und der Bevölkerung wird das Potential zugesprochen neue Lösungsansätze zu entwickeln, indem unterschiedliche Perspektiven aufeinandertreffen, aus denen neue Ideen hervorgehen können. Mit dem Forschungsprojekt „Climate Smart City Hamburg – Klimafreundliches Lokstedt" (Förderkennzeichen 01UR1608A) haben wir genau dies im Hamburger Stadtteil Lokstedt erprobt: Wir haben aus unterschiedlichen Perspektiven heraus auf derzeitige Herausforderungen geschaut. Im Fokus stand dabei die Verbindung von Klimaschutz, Stadtteilentwicklung und Lebensqualität. Wie bringen wir den Klimaschutz in den Alltag und befördern durch Stadtteilentwicklung klimafreundliches Alltagshandeln?

Vier Hamburger Partner*innen haben gemeinsam das vom Bundesministerium für Bildung und Forschung (BMBF) geförderte Forschungsprojekt bearbeitet:

- Universität Hamburg, Centrum für Globalisierung und Governance (UHH) (inzwischen: Center for Sustainable Society Research, CSS)
- Behörde für Umwelt und Energie, Leitstelle Klima (BUE) (Inzwischen: Behörde für Umwelt, Klima, Energie und Agrarwirtschaft, BUKEA)
- Bezirksamt Eimsbüttel, Fachamt Stadt- und Landschaftsplanung (BAE)
- HafenCity Universität Hamburg, Fachgebiet Stadtplanung und Regionalentwicklung (HCU)

Unterstützt wurden wir durch weitere Akteur*innen aus der Praxis: der Stadtreinigung Hamburg, dem Verband Norddeutscher Wohnungsunternehmen e. V., der hySOLUTIONS GmbH sowie der Behörde für Stadtentwicklung und Wohnen.

Zusammen mit vielen weiteren Forschungsprojekten in ganz Deutschland gehörten wir damit zur **Leitinitiative Zukunftsstadt**, die die Vision einer CO_2-neutralen Stadt unterstützt. Die geförderten Projekte sollten Vorschläge für mögliche Wege dorthin entwickeln und in ersten Schritten erproben.

Von **August 2016 bis November 2019** haben wir in den klimarelevanten Themen **Haushaltsenergie, Mobilität und Abfall** zusammen mit den Bewohner*innen vor Ort überlegt, wie eine zukünftige klimaschützende Entwicklung aussehen könnte und welche kleinen und großen Veränderungen dafür nötig sind.

Die **Ergebnisse** umfassen Steckbriefe der diskutierten klimafreundlichen Ansätze, eine Ergebnisbroschüre, wissenschaftliche Artikel, Forschungsberichte und einen Bildband, der Fotografien, Statements und wissenschaftliche Erkenntnisse zusammenbringt. Die Ergebnisse und Erfahrungen flossen in Vorträge, die universitäre Lehre, die bezirkliche Entwicklungsplanung (u.a. in das integrierte Klimaschutzkonzept des Bezirks), in gesamtstädtische Prozesse sowie in das zweijährige Anschlussvorhaben von 2020 – 2022 ein. Die Ergebnisse des ersten und zweiten Projekts sind auf der Homepage www.hamburg.de/klimalokstedt zu finden.

Perspektive / Erkenntnisinteresse der beteiligten Projektpartner*innen

- **Universität Hamburg –** Forschung zu Alltagspraktiken und deren Einbettung in derzeitige Rahmenbedingungen. Fokus auf eingespielte und etablierte Routinen in einer heterogenen Bevölkerung anhand qualitativer Begleitforschung.
- **Behörde für Umwelt und Energie –** Gesamtstädtische Klimaschutzperspektive. In der Fortschreibung des Hamburger Klimaplans werden die Erkenntnisse aus den unterschiedlichen Beteiligungsformaten im Cluster „Klimafreundliche Gesellschaft" dargestellt.
- **Bezirksamt Eimsbüttel –** Klimafreundliche Stadtteilentwicklung. Die Erkenntnisse über Bedarfe und förderliche Rahmenbedingungen aus Sicht der Bewohner*innen und bilden die Grundlage für kurz- bis langfristige planerische Anpassungen.
- **Hafencity Universität Hamburg –** Forschung zur Transformation und zu Klimaschutzpionieren. Untersucht werden lokale Vorreiter*innen im Hinblick auf ihr Wirken und ihre Rolle für eine nachhaltige Stadtentwicklung und den städtischen Klimaschutz.

Der Ablauf – Unterschiedliche Formate für einen umfangreichen Austausch: Die drei Handlungsfelder Haushaltsenergie, Mobilität und Abfall wurden jeweils nach dem gleichen Ablauf bearbeitet und für sich als Reallabor verstanden.

Interner Auftakt-Workshop: In Zusammenarbeit mit den Praxisparter*innen wurden die Rahmenbedingungen, Herausforderungen und Potenziale des jeweiligen Handlungsfeldes betrachtet.

Öffentliche Auftaktveranstaltung: Zu Beginn eines jeden Handlungsfeldes wurden die Herausforderungen der Themen aufgezeigt, Beteiligungsmöglichkeiten sichtbar gemacht und die Anregungen der Teilnehmenden aufgenommen.

Qualitative Haushaltsbefragungen: Aus dem Melderegister wurde für jedes Themenfeld eine zufällige Stichprobe von 300 Personen gezogen und zum Gespräch eingeladen. Je Themenfeld wurden ausführliche qualitative Interviews mit mindestens 30 der Bewohner*innen geführt, die sich auf die Anfrage zurückgemeldet haben. Mit offenen Fragen wurde das Alltagshandeln ergründet und analysiert, welche derzeitigen Rahmenbedingungen dazu führen, dass eine klimafreundliche Ausrichtung bislang oft noch nicht im Vordergrund steht. Ziel war es zu verstehen, welche Anknüpfungspunkte es für eine ressourcenschonendere Ausrichtung dieser Gewohnheiten gibt.

Interviews und Workshops mit Klimaschutzpionier*innen: Im Hamburger Stadtgebiet wurden Personen und Initiativen identifiziert, die als lokale Vorreiter*innen zu verstehen sind, die ihren Lebensstil am Klimaschutz ausrichten oder Innovationen entwickelt haben. Mit einer Auswahl aus jedem Handlungsfeld wurden qualitative leitfadengestützte Interviews geführt. Eine anschließende Typisierung ging der Frage nach, welchen Beitrag die Pionier*innen in den drei Handlungsfeldern zum Klimaschutz leisten.

Online-Beteiligungen: Um möglichst vielen Bewohner*innen die Möglichkeit zu geben, sich an der Datenerhebung zu beteiligen, wurden zusätzlich verschiedene Online-Beteiligungsformate angeboten.

Expert*innenforen: In den Foren kamen Expert*innen aus der Praxis, Beratung, Verwaltung und Forschung sowie Akteur*innen aus dem Stadtteil zusammen, um aufbauend auf den Ergebnissen der Haushaltsbefragungen erste klimafreundliche Maßnahmen und Ideen zu entwickeln.

Diskussionsrunden im Stadtteil: Die entwickelten klimafreundlichen Maßnahmen und Ideen wurden mit spontan Interessierten im öffentlichen Raum in Lokstedt diskutiert (beim Wochenmarkt, in der Bücherhalle, in Grünzügen und Parks, an U-Bahn-Haltestellen und bei den Bürgerhäusern).

Kinder- und Jugendbeteiligung: In den Themenbereichen Abfall und Mobilität wurden mögliche Maßnahmen mit Kindern und Jugendlichen aus drei Schulklassen diskutiert.

Öffentliche Diskussionsveranstaltungen: Auf den jeweiligen Ergebnisveranstaltungen wurden die Erkenntnisse vorgestellt und zur Diskussion darüber eingeladen.

Zum Nachlesen – Publikationen zum Projekt

Walz, Kerstin & Anita Engels 2022: Interviews, Austausch, Co-Produktion - akteursbasierte Kommunikationsformate im Vergleich, in: SynVer*Z Synthese- und Vernetzungsprojekt Zukunftsstadt (Hg.): Reallabore für urbane Transformation. Methoden, Akteure und Orte experimenteller und ko-produktiver Stadtentwicklung am Beispiel der BMBF-Zukunftsstadtforschung, Berlin: Gröschel Branding GmbH, 32-39.

Engels, Anita & Kerstin Walz 2022: Vertrauensaufbau, Netzwerkpflege und langfristige Kooperation: Praktische Gedanken zur Verstetigung, in: SynVer*Z Synthese- und Vernetzungsprojekt Zukunftsstadt (Hg.): Reallabore für urbane Transformation. Methoden, Akteure und Orte experimenteller und ko-produktiver Stadtentwicklung am Beispiel der BMBF-Zukunftsstadtforschung, Berlin: Gröschel Branding GmbH, 184-188.

Kohler, Martin, Anita Engels, Ana Paula Koury, Cathrin Zengerling 2021: Thinking Urban Transformation through Elsewhere: A Conversation between Real-World Labs in São Paulo and Hamburg on Governance and Practical Action, Sustainability, 13/22. https://doi.org/10.3390/su132212811

Walz, Kerstin & Anita Engels 2019: DIe (Un)sichtbarkeit der alltäglichen Energienutzung, IM+io Best & Next Practices aus Digitalisierung, Management, Wissenschaft, Heft 4.

Engels, Anita & Kerstin Walz 2018: Dealing with Multiperspectivity in Real-World Laboratories. Experiences from the Transdisciplinary Research Project Urban Transformation Laboratories, Gaia 27/S1, 39-45.

Yildiz, Özgür, Till Ansmann, Jörg Walther, Kerstin Walz (2018): Coping with climate change by flexible infrastructure use. Improving the climate resiliency of water and wastewater infrastructures using operational optimization and digital technologies for demand side management, Water Solutions 3, 3 – 10.

Dombrowski, Barbara, Anita Engels, Kerstin Walz (2019): Alltagswelten des Klimawandels, Weilerswist: Verlag Ralf Liebe.

Kapitel 2

Erlebnisse

Dass die Erwartungen eben erstmal nur Erwartungen sind und nicht immer erfüllt werden, wurde uns im Laufe des Projektes an vielen verschiedenen Stellen bewusst. Handbücher über transdisziplinäre Forschung lesen und diskutieren ist eine Sache. Tatsächlich transdisziplinäre Forschung durchzuführen und zu erleben ist eine ganz andere Sache. Es gab viele Momente, bei denen wir unsicher waren, was eigentlich gerade passierte. Dabei war doch eigentlich alles klar! Wir kannten uns, je nach Person, mehr oder weniger mit den Grundlagen der transdisziplinären Forschung aus, hatten während des Antragsprozesses die eigene Position klargemacht und die der anderen zur Kenntnis und auch angenommen und waren höchst motiviert, endlich loslegen zu dürfen. Dabei hatten wir jedoch einen wichtigen Punkt vergessen: Es gibt nicht DAS transdisziplinäre Forschungsprojekt. Die Forschungsliteratur hatte uns zwar theoretisch auf die Arbeit vorbereitet und einige Einblicke in andere Projekte gegeben, aber ein ums andere Mal stießen wir in Lokstedt auf Situationen, die entweder nicht ganz mit unserem Fachwissen zusammenpassten, oder auf die uns die Literatur nicht vorbereitet hatte.

Damit sind unsere Erlebnisse eben auch nur kleine Einblicke in den Alltag EINES transdisziplinären Forschungsprojektes. Wir sind uns sicher, dass unser Buch einen guten Einblick in ein solches Projekt bietet und allen, die Ähnliches vorhaben, eine erste Orientierung bietet. Dennoch freuen wir uns darauf, ebensolche Überraschungen und Fehltritte von anderen zu lesen, wie auch wir sie erlebt haben.

So zahlreich und unterschiedlich wie die Erwartungen der vielen Beteiligten sind auch die Erlebnisse während des Projektes, die in diesem Kapitel beschrieben sind. Wir haben zwar vieles gemeinsam erlebt, trotzdem spielt in den Gegebenheiten häufig die spezifische Position im Projekt der erzählenden Person eine zentrale Rolle. Um das nachvollziehbarer zu machen, ist jeder Episode ein Hinweis vorangestellt, aus wessen Perspektive geschrieben wurde.

Wir haben den Abend überlebt!

Anita Engels
Projektleitung

Der Austausch mit den Menschen vor Ort ist eigentlich der wichtigste Weg zum Erfolg von urbanen Transformationsprojekten. Aber wer sind diese Menschen überhaupt? Und wie bringt man sie dazu, sich austauschen zu wollen? Wir haben viele verschiedene Wege getestet, um Zugänge zu den Menschen vor Ort zu finden und ihre Ideen und Vorschläge für den Wandel im Stadtteil zu erfassen. Es schien naheliegend zu sein, in Lokstedt moderierte Abendveranstaltungen durchzuführen, in denen wir das Projekt jeweils präsentieren und möglichst viel Feedback einholen können. Gemessen an den 20 bis 90 Teilnehmer*innen, die wir damit jeweils erreicht haben, war der Aufwand für Planung und Vorbereitung der Abendveranstaltungen sicherlich sehr groß. Und auch finanziell stellten die Stadtteil-Veranstaltungen einen der größeren Posten im Projektbudget dar. Hätten wir den Aufwand nicht auch viel kleiner halten können? Das haben wir uns jedes Mal gefragt. Aber die Antwort war klar:

Nein, der Aufwand kann nicht groß genug sein, denn wir waren von Angst angetrieben. Und zwar nicht von einer Angst, sondern von einer ganzen Liste von Ängsten, z.B. von der Angst, dass

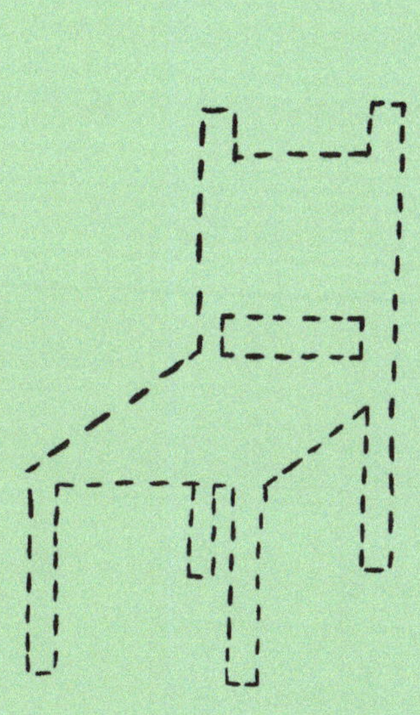

niemand kommt

zu viele „Wut-Bürger*innen" kommen

niemand reagiert und
wir vor einer schweigenden
Masse stehen

alle nur ihren
Frust ablassen

1000 kreative Vorschläge
kommen, die wir alle nicht
umsetzen können

die Veranstaltung
von der Presse
ignoriert wird

wir zu wissenschaftlich-
technisch kommunizieren
und abgehoben wirken

wir zu stark ver-
einfachend kommunizieren
und infantil wirken

wir schlechte
Presse erhalten

Vertrauen
verspielt wird.

Die Routinen einer wissenschaftlichen Konferenz sind uns sehr vertraut, aber die Abende in Lokstedt waren einfach eine neue Art von Herausforderung. So viel konnte schiefgehen, und die Risiken für den weiteren Projektverlauf schienen sehr groß. Wenn Lokstedt erst einmal über uns lacht, können wir als Projekt einpacken! Zumindest die Rahmenbedingungen sollten perfekt sein. Wir haben daher immer in einer Schule im Stadtteil getagt, um unsere lokale Einbettung zu betonen. Wenn wir Bier und Wein hätten ausschenken können, wären sicherlich noch mehr Menschen gekommen, aber weder geben das die Verwendungsrichtlinien her, noch will man als letzte Amtshandlung des Abends die Alkoholleichen aufsammeln oder diejenigen abschrecken, die aus den unterschiedlichsten Gründen keinen Alkohol trinken. Aber zumindest Snacks wollten wir anbieten, und zwar gesund, klimafreundlich und lecker. Nichts leichter als das, veganes und vegetarisches Fingerfood kann köstlich sein – und das Hamburger Studierendenwerk ist zum Glück inzwischen bekannt für tolle Angebote in dem Segment. Aber es durfte natürlich weder zu viel sein (Lebensmittelverschwendung geht gar nicht!) noch zu wenig (hungrige Mägen sind schlecht für den konstruktiven Austausch). Zwar haben wir jedes Mal intensiv im Stadtteil plakatiert mit Hinweisen auf die Abendveranstaltung, aber wie viele Menschen sich am Ende wirklich abends noch einmal aufraffen können, ist letztlich vollkommen unkalkulierbar. Also war die Dienstanweisung an alle: zur Sicherheit ein paar Tupper-Dosen mitbringen…

Eine andere Herausforderung lag in der Moderation dieser komplexen Veranstaltung, die regelmäßig mindestens fünf verschiedene Teilpräsentationen enthielt sowie mehrere interaktive Elemente und möglichst viel Gelegenheit zum Feedback durch die Lokstedter*innen. Wie erreicht man, dass alle im Zeitrahmen bleiben, dass Verständnisfragen geklärt werden können und die Diskussionen in konstruktiven Bahnen verlaufen? Es war völlig klar, dass wir eine professionelle Moderation benötigen würde. Schließlich gibt es genügend erfahrene Menschen, die mit so etwas ihr Geld verdienen und die Untiefen von Veranstaltungen mit Bürger*innen sehr genau kennen. Zweimal haben wir uns auf eine externe Moderation eingelassen. Das bedeutet natürlich jedes Mal noch mehr Vorbereitung, denn auch professionelle Moderator*innen müssen ja überhaupt erst verstehen, worum es in dem Projekt geht und was die Konfliktlinien sind, die in den freien Meinungsäußerungen der Beteiligten aufbrechen können. Der erste Versuch war okay, aber nicht wirklich überzeugend: die Moderatorin fiel weder positiv noch negativ auf, war nett aber irgendwie unverbindlich. Der zweite Versuch ging gründlich schief: der Moderator hatte sich auf sehr heftige Konflikte und Vielredner*innen im Publikum eingestellt und legte ein gewisses Überengagement in der Kontrolle der Redebeiträge an den Tag. Im dritten Versuch wurde mit einem neuen Moderator ein noch größerer Aufwand im Vorfeld betrieben, um zu vermitteln, was wir uns wünschen und wie die Moderation sein soll: schwungvoll, kompetent, auf lokale Besonderheiten eingehend, alles im Blick behalten, zurückhaltend und nur im Notfall Grenzen setzend, aber auch jeweils neue Impulse gebend, wenn die Diskussion dahindümpelt. Wir waren nach den Vorgesprächen sehr zuversichtlich, beim dritten Versuch musste es einfach gut klappen. Leider kam sehr kurzfristig eine Absage des Moderators, der sehr hohes Fieber hatte. Einspringen musste die Projektleiterin - seitdem galt das Moderationsproblem als gelöst, wenn man vom Stresspegel der neuen Moderatorin absah. Eine Projektleiterin ist qua Amt Expertin, verfügt über viel lokales Wissen, kennt die Abläufe, hat die Projektziele im Blick und kann zudem eine neutrale Position im Konzert der Verbundpartner*innen und Bürger*innen einnehmen – läuft.

So haben wir uns jeweils durch die Abendveranstaltung gekämpft, geschwitzt und gebangt, Krisen bewältigt und Snacks gereicht und dabei tatsächlich jedes Mal sehr viele Inputs der Lokstedter*innen aufnehmen können. Der wichtigste Eindruck am Ende einer jeden Abendveranstaltung blieb aber dennoch ganz einfach: wir haben den Abend überlebt!

Das heißt Looooookstedt, nicht Lokstedt

Anita Engels
Projektleitung

Der Eindruck, den Außenstehende vom Stadtteil Lokstedt gewinnen, ist eher unauffällig. Es handelt sich um einen Stadtteil, der sich weder im Zentrum noch in Randlage befindet, der viel Wohnbevölkerung beherbergt, aber auch als Durchgangszone für Tagespendler*innen dient. Es gibt auf den ersten Blick weder architektonisch besonders herausragende Merkmale, noch finden sich Hinweise auf besonders geschichtsträchtige Orte. Dass jeden Abend die Tagesschau aus Lokstedt gesendet wird, weiß kaum jemand. Aus der reinen Forschungsperspektive heraus hätten sich vermutlich andere Stadtteile für ein transdisziplinäres Projekt zur klimafreundlichen Stadtentwicklung aufgedrängt: Stadtteile mit innovativen lokalen Initiativen, mit lebendiger Kreativwirtschaft, mit großen Konfliktpotentialen oder mit einem hohen migrantisch geprägten Bevölkerungsanteil. Lokstedt kann nichts von alledem in wirklich nennenswertem Maße aufweisen. Wer kennt überhaupt

Lokstedt? Nicht viele jedenfalls, wie wir schnell im Freund*innen- und Kolleg*innenkreis feststellten, sobald wir sagten, dass wir unser neues BMBF-Projekt in Lokstedt durchführen. Die bekanntesten Merkmale liegen genau jenseits der Grenze zu Lokstedt (das Universitätsklinikum UKE, Hagenbecks Tierpark); die Lokstedter U-Bahn-Haltestelle Hagendeel ist eine der am wenigsten genutzten U-Bahn-Haltestellen der Stadt[1]. Außenstehende könnten tatsächlich meinen, dass es sich um einen gesichtslosen Stadtteil handelt, denn es gibt kein Zentrum, das den Charakter des Stadtteils prägen würde. Stattdessen wirkt der Stadtteil wie zufällig mit einer Linie umzogen; er geht nahtlos in die umliegenden Stadtteile über.

Aus der Sicht des Bezirksamtes und der Leitstelle Klima war Lokstedt sehr geeignet, um das Projekt zu beherbergen. Es handelt sich im Wesentlichen um Bestandsquartiere, was für die Transformation zur klimafreundlichen Mobilität, der Abfallwirtschaft und der Energieversorgung große Herausforderungen mit sich bringt. Außerdem konnte bereits an gewisse Vorerfahrungen mit Bürger*innenbeteiligung angeknüpft werden. Es hatte sich in verschiedenen Beteiligungsverfahren in der Vergangenheit bereits herausgestellt, dass sich die Bürger*innen von Lokstedt tatsächlich ein Zentrum wünschen – ein sehr nachvollziehbarer Wunsch, wie die erste große Fahrrad-Rundfahrt durch den Stadtteil zu Projektbeginn ergab.

Für uns warf diese „Gesichtslosigkeit" zunächst ein ganz praktisches Problem auf. Aus der Literatur zu urbanen Transformationsprojekten wussten wir, dass das Ortsprinzip und die lokale Verankerung oft ausschlaggebend sind für die Bereitwilligkeit von Menschen, sich in Transformations-Diskussionen zu begeben und konkret über Wandel nachzudenken. Aber wie nutzt man das Ortsprinzip, wenn der Ort in der Wahrnehmung der Menschen anscheinend gar nicht richtig existiert? Wie motiviert man die Menschen vor Ort, sich für den Stadtteil zu interessieren, wenn sie keinen Bezug dazu haben? Wir begaben uns daher auf die Suche nach dem spezifischen Charakter, nach dem Besonderen, und fühlten uns wie Beauftragte für ein Stadtmarketing. Was uns bei dieser Suche schließlich geeignet erschien, war ein Wasserturm von etwa

---

[1] https://www.abendblatt.de/hamburg/article216166255/So-viele-Fahrgaeste-nutzen-die-einzelnen-U-Bahn-Stationen.html

Aber wie nutzt man das Ortsprinzip, wenn der Ort in der Wahrnehmung der Menschen anscheinend gar nicht richtig existiert?

Wie motiviert man die Menschen vor Ort, sich für den Stadtteil zu interessieren, wenn sie keinen Bezug dazu haben?

50m Höhe, der 1910 gebaut wurde und eine malerische Form aufweist. Dieser Turm könnte doch als Wahrzeichen gelten, oder? Was macht es schon, dass er in Privatbesitz ist und zu Wohnzwecken umgebaut wurde, er sieht immerhin gut aus... Von nun an zierte der Turm alle Produkte und Infomaterialien zum Projekt. Zur besseren Wiedererkennung des Teams im Stadtteil hatten wir sogar T-Shirts und Kapuzenpullover als Arbeitskleidung anfertigen lassen, die eine stilisierte Zeichnung des Turms auf dem Rücken aufwiesen. Wir glaubten, wir hätten das Gesicht des Stadtteils gefunden – oder zumindest dem Projekt einen lokal verankerten Wiedererkennungswert verpasst.

Im Laufe der vielen Gespräche und Veranstaltungen in Lokstedt mussten wir jedoch feststellen, dass der Stadtteil natürlich ganz und gar nicht gesichtslos war. Das fehlende Zentrum war nicht etwa Ausdruck einer fehlenden eigenen Geschichte, sondern das Ergebnis einer jahrzehntelangen autozentrierten Stadtplanung, die den alten Dorfkern zum Verschwinden gebracht hatte. Stattdessen zerschneiden mehrspurige Straßen den Stadtteil, die sich an einem unwirtlichen Verkehrsknotenpunkt kreuzen: Der Siemersplatz gilt seit Jahren als unerfreuliches Wirrwarr aus Fahrbahnen und Bushaltestellen, das für Menschen zu Fuß und auf dem Fahrrad extrem unangenehm und sogar gefährlich wirkt. Ganz in der Nähe des Siemersplatzes gibt es jedoch einen alten Dorfkern, und viele der gegenwärtigen Bewohner*innen hatten sich nicht einfach dafür ausgesprochen, ein neues Zentrum zu erhalten, sondern sie wollten den ehemaligen Dorfkern wiederbeleben. Die Grelckstraße, die diesen Kern bildete und wieder bilden könnte, ist Dreh- und Angelpunkt der lokalen Bemühungen um eine Verkehrsberuhigung, damit in zentraler Lage von Lokstedt wieder Raum zum Flanieren und Verweilen entstehen kann. Es handelt sich um eine schöne Straße mit altem Baumbestand und zum Teil sehr schönen historischen Gebäuden. Offensichtlich ist das Bild einer Flanier- und Verweilidylle eine sehr bürgerliche Vorstellung, die eine spezifische Version der kulturellen Rückeroberung des öffentlichen Raums darstellt – in anderen Quartieren überwiegen vollkommen andere Perspektiven und positive Visionen für das, was eine Wohnumgebung attraktiv macht: Die Bewohner*innen von Hochhaussiedlungen unterscheiden sich in dieser Hinsicht typischerweise von den Besitzer*innen von einzeln stehenden Eigenheimen, und die Ideen von jungen Familien zur Steigerung der Attraktivität des Stadtteils stimmen oft nicht mit denjenigen älterer Menschen überein, die andere Mobilitätsbedürfnisse haben. In einigen Quartieren von Lokstedt wurde besonders stark der Wunsch von älteren Bewohner*innen geäußert, an eine hanseatisch-gediegene Vergangenheit wieder anzuknüpfen. Erkennbar wurde dies immer wieder daran, dass ältere Bewohner*innen an unsere Stände oder zu unseren Info-Veranstaltungen kamen und mal nachsichtig, mal stirnrunzelnd darauf hinwiesen, dass es eigentlich „Loooooökstedt und nicht Lokstedt" heißen müsse, obwohl das heutzutage alle falsch mit kurzem „O" aussprächen. Es ist wichtig, an das Ortsprinzip anzuknüpfen und die Transformationsideen des Projektes möglichst lokal herunterzubrechen – aber was den Ort ausmacht und wer bestimmt, was das spezifisch Lokale ist und sein soll, ist Aushandlungssache. Konflikte darüber sind eigentlich der Normalfall. Gerade bei Experimenten mit Verkehrsberuhigung finden sich z. B. sehr schnell unterschiedliche Positionen zwischen Gewerbetreibenden, Anwohner*innen und sonstigen Nutzer*innen eines Straßenzuges. Diese Unterschiedlichkeit und Konflikthaftigkeit sollte uns durch viele Projektphasen hindurch beschäftigen.

Das passende lokale Wissen

Franzi Krieger
studentische
Mitarbeiterin

Ein wesentlicher Bestandteil des Projektes ist der Kontakt zu den Bürger*innen vor Ort. Da niemand aus unserem Team aus Lokstedt kommt, mussten wir uns erst einmal behaupten, Kontakte knüpfen und vor allem: lokales Wissen erwerben. Auf unsere Ansprech-Frage No. 1 „Kommen Sie aus Lokstedt?" bekamen wir das ein oder andere Mal die Gegenfrage: „Ja, und Sie?". Darauf mussten wir alle natürlich mit einem Nein antworten und auf andere Weise deutlich machen, dass wir uns trotzdem im Stadtteil auskennen.

Wie wichtig das passende Wissen zur passenden Zeit ist, zeigte sich an einem Tag, an dem wir mit unserem Stand im Stadtteil standen und Ideen für die Nutzung des öffentlichen Raums einsammelten. Neben mir informierten Kolleg*innen eines Beteiligungsbüros die Menschen über anstehende Verkehrslabore in der Straße, in der wir uns befanden. Es war wieder einer

LOKSTEDT

dieser frühmorgendlichen Wochenendtermine, also wunderte ich mich nicht allzu sehr, dass mein Kollege vom Bezirksamt noch nicht aufgetaucht war. Auf einmal fällt mir jemand auf, der der Kollegin vom Beteiligungsbüro mit zunehmendem Frust versucht zu erklären, wo er wohnt und was dort sein Problem ist. Die beiden sind über die große Straßenkarte gebeugt. „So, passen Sie auf, die Straße ist da hinten! Kennen Sie die etwa nicht?" Offensichtlich kann die Kollegin die Straße nicht räumlich einordnen, versucht aber, sich im Gespräch zu halten und nennt den Namen einer Straße, die allerding an der völlig falschen Ecke von Lokstedt liegt. „Nein! Das kann doch nicht sein, dass Sie das nicht wissen!". Der Anwohner wird noch frustrierter. In der Annahme ich könnte helfen, mische ich mich ein. „Ach Sie meinen ...". „Ja genau!" Ich kann die Straße, von der er spricht, zuordnen und verweise auf die Schule, die sich ganz in der Nähe befindet. „Ja das ist doch da hinter der Schule. Kenn ich wohl, die Ecke." Er wendet sich wieder der Frau vom Beteiligungsbüro zu. „Sehen Sie. Ihre Kollegin hat was in der Birne, die weiß Bescheid!" Sein Blick richtet sich auf mein Namensschild. „Sie kommen ja auch von der Uni! Das ist doch was!". Die ganze Situation ist mir der Kollegin gegenüber sehr unangenehm, es bleibt mir jedoch keine Zeit, mich ihr zu erklären, denn der Anwohner wendet sich nun komplett mir zu und lässt sie links liegen. Ich kenne zwar den Ort, von dem er spricht, habe aber keine Ahnung von den Verwaltungsabläufen, die bei seinem konkreten Fall notwendig sind, und habe somit keine Lösung für sein Problem. Auf seine Frage, was ich denn in seiner Situation tun würde, kann ich lediglich antworten: „Ich würde mich ans Bezirksamt wenden". Die Hoffnung, die er in mich gelegt hatte, verschwindet aus seinem Gesicht und stattdessen macht sich erneut Frustration breit. Beim Bezirksamt erreiche man niemanden und abgesehen davon sei überhaupt nicht ersichtlich, an wen man sich denn genau wenden solle. Ab jetzt drehen wir uns im Kreis. Ich habe keine Ahnung von seinem Problem und keine Ahnung, bei wem er sich konkret melden soll. Sein voriger Enthusiasmus über meine Uni-Zugehörigkeit schwindet weiter, je mehr ihm klar wird, dass ich ihm abgesehen von Ortskenntnissen nichts bieten kann. Nach einer halben Stunde sehe ich endlich meinen Kollegen vom Fahrrad springen. „Sorry! Ich habe verschlafen, aber jetzt bin ich bereit!" Ich atme auf. „Das ist mein Kollege vom Bezirksamt. Der kann Ihnen bestimmt weiterhelfen!".

Was war hier passiert? Diesem Lokstedter war vollkommen egal, in welcher Position ich oder die Kollegin vom Beteiligungsbüro waren, sondern, wer sich im Stadtteil auskannte und wer gerade das Wissen hatte, das ihm zur Beantwortung seiner Frage weiterhalf – ganz unabhängig davon, dass wir mit einer völlig anderen Fragestellung an dem Tag in der Straße standen. Mit dem lokalen Wissen über den Stadtteil hatten alle, die regelmäßig in Lokstedt waren, Vorteile gegenüber anderen Projektbeteiligten – unabhängig von der internen Projekthierarchie. Waren wir auch „nur" als Hilfskräfte unterwegs, wurden wir kaum als solche wahrgenommen, und es erwies sich immer wieder als hilfreich, zu wissen, um welchen Ort es sich handelte, wenn es um Kleingärten geht, die abgerissen werden sollten, die Backstube zu kennen, die geschlossen wurde, oder eben den Siemersplatz. Letzteres Beispiel möchte ich einfach so stehen lassen - Menschen, die Lokstedt kennen, werden wissen, warum ich den Siemersplatz erwähne. Je mehr wir im Stadtteil unterwegs waren und Einzelheiten zu den lokalen Gegebenheiten lernten, desto präsenter wurden wir auch für die Leute. „Du bist zu spät!" rief einmal ein Passant meinem Kollegen zu, der auf dem projekteigenen Lastenrad wie jeden Mittwoch Richtung Wochenmarkt raste, um wieder einmal Leute zu befragen.

Nur 30 Haushalte?

Kerstin Walz
wissenschaftliche
Mitarbeiterin

Wir interessieren uns in unserer soziologischen Forschung für die Alltagswelten der Menschen und wollen verstehen, wieso Menschen auf eine bestimmte Art und Weise handeln. Welche Interpretationen geben sie Situationen und welchen Sinn verbinden sie mit ihren Handlungen und ihrer Umwelt? Welche Rahmenbedingungen und Vorstellungen nehmen Einfluss auf das klimarelevante, alltägliche Handeln, und was folgt daraus für die große Transformation?

Zur Beantwortung solcher Fragen eignen sich ein offener Forschungszugang und qualitative Methoden. Qualitativ zu forschen erlaubt es, in die Tiefe zu gehen und die Perspektiven der Befragten zu verstehen. Es geht um das Warum, um das Erklären und Deuten. Das bedeutet auch, dass bereits wenige Interviews sehr viele Einsichten liefern können. Valide – also aussagekräftige und verallgemeinerbare – Ergebnisse hängen bei diesem Zugang vor allem davon ab, dass die Gruppe der Befragten hinreichend unterschiedlich zusammengesetzt ist.

Vielen Dank für Ihre Frage.

Während der Antragsstellung stellten wir unsere Perspektive unseren städtischen Projektpartner*innen vor, die dem Ganzen offen gegenüberstanden – auch wenn wir mit einem quantitativen Vorgehen und einer großen standardisierten Befragung inklusive Vorher-Nachher-Wirkungsforschung wahrscheinlich noch mehr Begeisterungsstürme ausgelöst hätten. Wir einigten uns im Sinne des Ko-Designs darauf, eine für qualitative Methoden sehr umfangreiche Befragung durchzuführen und pro Themenfeld 30 Haushalte zu befragen.

In unserem Projekt gab es insgesamt drei Phasen mit Haushaltsinterviews, in denen jeweils zufällig ausgewählte Bewohner*innen mit der Bitte angeschrieben wurden, an unseren Interviews teilzunehmen. Ziel war es, in den Themen Haushaltsenergie, Mobilität und Abfallwirtschaft zu erfassen, wie die jeweiligen klimarelevanten Praktiken in den Alltag eingebettet sind. Dies sollte als Ausgangslage dienen, um Maßnahmen zu entwickeln, die ein klimafreundlicheres Leben ermöglichen. Dreimal 30 Interviews, am Ende haben wir dadurch 90 qualitative Interviews in drei Projektjahren geführt. Nur zum Vergleich – schon 30 Interviews können ausreichend qualitatives Material für ein bis zwei Doktorarbeiten in den Sozialwissenschaften darstellen! Denn solche Gespräche dauern manchmal zwei Stunden und länger. Das gesamte Interview wird im Anschluss transkribiert, also verschriftlicht, um das Material in der Tiefe und im vollen Umfang auswerten zu können.

In unserem wissenschaftlichen Umfeld wurde unser geplantes Vorgehen meist mit „ziemlich ambitioniert", „in welchem Zeitraum wollt ihr das machen?!" kommentiert, sodass wir uns innerlich auch mal leise auf die Schulter klopften – immerhin ging es hier um Klimaschutz im Alltag. Gut, dass wir da ambitionierte Erhebungen durchführten.

Und dann ging es hinaus in die Öffentlichkeit des Forschungsstadtteils. Dort wurden wir recht schnell mit der Tatsache konfrontiert, dass unsere eigene Begeisterung nicht ausnahmslos von den Bürger*innen geteilt wird.

Vielmehr schlugen uns teils Unverständnis und manchmal wohl auch eine gewisse Ratlosigkeit in Bezug auf die qualitative Herangehensweise entgegen: „Wie, Sie befragen nur 30 Haushalte? Lokstedt hat 29.000 Einwohner!" – „Wie soll das denn repräsentativ sein?" – „Das ist doch verzerrt, Sie erreichen doch nicht alle!" – „Die paar Interviews, das kann's doch nicht sein!"

„Wie, Sie befragen nur
30 Haushalte? Lokstedt
hat 29.000 Einwohner!“

„Wie soll das denn
repräsentativ sein?“

„Das ist doch verzerrt,
Sie erreichen doch
nicht alle!“

„Die paar Interviews,
das kann's doch
nicht sein!“

Dies waren einige der Aussagen, die wir in der ersten öffentlichen Projektveranstaltung mit auf den Weg bekamen.

Dann begann das Rechtfertigungskarussell: Sollte man dem Sprachgebrauch quantitativer Ansätze verfallen und einfach sagen, „doch, auch qualitative Erhebungen sind auf die Grundgesamtheit übertragbar und damit repräsentativ"? Oder versucht man die Unterschiede zu erklären, wohlwissend, dass man im eigenen Studium selbst Jahre für ein differenziertes Verständnis gebraucht hat? „Genau, nein, es ist nicht repräsentativ, das ist auch nicht der Anspruch. In der qualitativen Forschung geht es um etwas Anderes."

Ja, worum geht es denn? Zu lernen, wie man qualitative Forschung erklärt, Grundannahmen anschaulich vermittelt und deutlich macht, dass es nicht ausschließlich um die Zahl der Teilnehmenden geht, war neu, herausfordernd, überraschend und hat uns das gesamte Projekt begleitet.

Dies war vor allem in Kontexten schwer, in denen diese Argumente dazu genutzt wurden, den ganzen Aufbau des Projekts zu diskreditieren – auch wenn sich die Gründe für die ablehnende Haltung aus ganz anderen Quellen speiste. Denn was könne solch ein Projekt schon an Erkenntnisgewinn erzielen? Wäre es nicht immer nur eine verzerrte Auswahl der Realität und damit nicht aussagekräftig, nicht verallgemeinerbar? So gefunden auf einem lokalen Stadtteil-Blog, in dem unsere öffentlichen Veranstaltungen anfangs regelmäßig von einer bloggenden Bürgerin despektierlich kommentiert wurden, die in ihrem Blog immer wieder die aus ihrer Sicht unhaltbaren Stadtentwicklungsvorhaben des Bezirksamtes investigativ in den Blick nahm.

Qualitative Forschung steht nicht im Fokus der öffentlichen Debatten. Die Erwartungshaltung in der Öffentlichkeit bezieht sich eher auf übergreifende Statistiken oder Erhebungen mit mehreren tausend Teilnehmenden, eher auf Prozentangaben als auf eindeutige Ergebnisse und immer wieder auf das Zauberwort der Repräsentativität. Die geführten qualitativen Haushaltsgespräche fallen nicht in dieses Legitimationsraster. Sie sind aufwendig in der Durchführung und zeitintensiv in der Auswertung. Man muss sich mit hunderten Seiten Text herumschlagen, Zitate und Gesprächssequenzen deuten, interpretieren, verstehen und sie dann systematisieren und zuspitzen. Und als Ergebnis gibt es Text und keine Zahlen. Aber sie ermöglichen einen detaillierten Einblick in unzählige Alltags- und Lebenswelten. Im ganz alltäglichen

Handeln und in dem, was die Menschen mit bestimmten Situationen verbinden, offenbaren sich die zugrundeliegenden, übergreifenden Strukturen und festgefahrene Handlungslogiken, die Einfluss auf unser Handeln nehmen. Tatsächlich ist es sehr gut möglich, mit „nur" 30 Haushalten einen umfassenden Überblick über das zu erlangen, was im jeweiligen Alltagsbereich wichtig ist. So unterschiedlich die Lebensführungen, die Hintergründe der einzelnen Menschen sind, sie stehen immer für eine Vielzahl von Menschen, die ähnlich handeln.

Für die Projektarbeit bedeutete dies kontinuierlich zu erklären, warum ein qualitativer Zugang das Mittel ist, um ein Gespür und solide Erkenntnisse für die sozialen Welten um uns herum zu erlangen, und dass es nicht immer Tausende von Teilnehmer*innen braucht. Aber auch hier sind Lernerfolge möglich, und am Ende der Projektzeit hat selbst die Bloggerin gar nicht mehr so despektierlich über uns berichtet.

Lernen am Stammtisch

Hauke Feddersen
studentischer
Mitarbeiter

In der Forschungsliteratur zu Reallaboren wird oft betont, wie wichtig es ist, an bestehende lokale Strukturen anzudocken. Außerdem wird betont, dass man eine gemeinsame Sprache mit den Menschen finden sollte, mit denen man zusammenarbeiten und forschen möchte – soweit die Theorie. Was dies jedoch konkret bedeutet und wie dies umgesetzt werden kann, das sind Erfahrungen, die wir als Team des „Climate Smart City Hamburg" Projekts in ganz unterschiedlichen Kontexten gemacht haben. Die Grundidee war ja: Auf der Basis von geführten Interviews zum Klimaschutz entwickeln wir diverse Maßnahmen, die vor Ort mit den Menschen in möglichst alltagsnahen Situationen diskutiert werden. Unsere ersten Annäherungsversuche auf dem Wochenmarkt stießen auf wenig Gegenliebe, als wir versuchten einen Klempnermeister älteren Jahrgangs von unseren Ideen im „ClimSmartLok" zu berichten...

VEREINSHEIM
Zum Eckball
BIER
PLATZ

Das anglizistisch angehauchte Projektdeutsch, das für den Förderantrag gute Dienste geleistet hatte, traf nicht den angemessenen Zungenschlag der lokalen Akteur*innen. Im Nachhinein wissen wir, dass Projektakronyme lieber unter Verschluss gehalten werden sollten.

Weit selbstbewusster und nun in hochdeutscher Sprache gingen wir jungen Sozialwissenschaftler*innen in anderen Kontexten vor, in denen wir die Gelegenheit hatten, zum Einstieg kleine Vorträge vor Publikum zu halten. In unserer Paradedisziplin, dem Vortrag, hatten wir schließlich einen Heimvorteil. Schon in der Schule, in Seminaren an der Uni oder auch zum Teil bei internationalen Konferenzen ausgebildet und abgehärtet, gingen wir recht zuversichtlich in Vorträge, um die Bedeutung lokaler Partizipation im Klimaschutz zu betonen.

So auch eines Donnerstagabends im Vereinsheim eines lokalen Fußballvereins. Wir hatten just unsere Interviewphase abgeschlossen und waren hoch motiviert, die gewonnenen Ideen zum Klimaschutz zu diskutieren und Meinungen aus dem Stadtteil hierzu einzufangen. Auf der Suche nach lokaler Unterstützung suchten wir bestehende Strukturen auf - wie in der Literatur empfohlen. Hierzu erschien uns der allwöchentliche Stammtisch eines Fußballvereins perfekt geeignet. Selbstredend kontaktierten wir den Vereinsheimleiter bereits im Vorhinein und vereinbarten mit ihm einen passenden Termin. Pünktlich um halb 8 nach dem Training standen wir nun zu zweit in einem geselligen Ambiente mit Bier, Korn und netter Musik. In dem L-förmig ausgerichteten Vereinsraum mit Tresen und Stammtisch-Ecke waren etwa 15 bis 20 ältere Herren in einen feucht-fröhlichen Austausch vertieft – die lokalen Strukturen waren identifiziert.

Der Vereinsheimleiter begrüßte uns nett und erwartungsvoll, stellte die Musik aus und überließ uns die Bühne – bzw. den Eingangsbereich, von dem aus wir zumindest einige, wenn auch nicht alle sich im Raum befindlichen Personen sehen konnten. Meine Kollegin eröffnete unseren Auftritt mit einem freundlichen „Guten Abend, meine Damen und Herren, wir sind heute Abend hier, um mit Ihnen über stadtteilbezogene Maßnahmen im Klimaschutz zu diskutieren."

Den staunenden Blicken der sich nun zu uns drehenden Herren war anzusehen, dass diese heute Abend eigentlich gekommen waren, um über das letzte Heimspiel zu philosophieren. Sie ließen uns jedoch gewähren.

Eindrücke aus der abschließenden Diskussionsrunde „Klimafreundliches Lokstedt“
Ähm
Holger, 60: Libero
Helmut, 57: Angriff
Wir suchen noch einen Torwart.
Manni, 47: Vereinslegende
Ulf, 53: Abwehrchef

Weiter stellten wir uns als Angehörige der Universität Hamburg vor, die in dem transdisziplinären Forschungsprojekt „Klimafreundliches Lokstedt" arbeiteten. Wir hatten ja gelernt: keine Anglizismen. Um unserem wissbegierigen Publikum nichts vorzuenthalten, erklärten wir unseren methodischen Zugang, nämlich die qualitative Datenerhebung, und die sich hieraus ergebenden Forschungsergebnisse bezüglich unserer Ideen für den Klimaschutz. Die flehenden Blicke unserer Zuhörer in Richtung des Vereinsheimleiters verrieten uns, dass wir unseren Vortrag langsam dem Ende zuführen sollten. Obligatorisch fragten wir abschließend nach Freiwilligen für eine Diskussionsrunde zu unseren Maßnahmen.

Zu netter Musik und einem Bier erklärte sich letztlich der Vereinsheimleiter bereit, mit uns ein paar Maßnahmen zu besprechen. Er entschuldigte sich bei uns, dass er zwar einmal im Vereinsheim angekündigt hatte, dass da welche von der Uni kommen wollten um etwas über Klimaschutz zu erzählen. Das mit dem Mitdiskutieren habe er jedoch anders verstanden...

So gingen wir erleichtert aus dem Vereinsheim und waren um die Erfahrung reicher, dass Form, Inhalt und Kontext gut aufeinander abgestimmt gehören um bestehende lokale Strukturen wirksam zu erreichen.

REDEANTEIL
HEIM
GAST
1
6

„Das ist für mich **kein** Klimaschutz“

Joshua Kaewnetara
studentischer
Mitarbeiter

Wir verstanden uns als ein transdisziplinäres Forschungsprojekt, das mit den Bürger*innen im Laufe des Forschungsprozesses immer wieder direkt in Kontakt tritt und deren Meinungen und Standpunkte mit einbezieht. Mit den Konsequenzen dieser Vorgehensweise mussten wir dann aber auch leben lernen. Denn wer nach der Meinung fragt, wird auch eine Meinung bekommen. Was für eine Meinung das ist und ob es einen Bezug zu unserer Frage gibt, liegt außerhalb unseres Einflussbereichs. Gerade in der Wissenschaft wird immer wieder betont, wie wichtig klar formulierte Fragestellungen und prägnante Antworten sind. Doch mit diesem Anspruch auf der Straße zu stehen und vorbeigehenden Menschen erhellende Antworten abzuringen, birgt ein gewisses Frustpotential.

Solange die Kreuzfahrtschiffe im Hafen liegen, fahren wir Auto.

An einem Tag hatten wir unseren kleinen Projektstand auf einem Stadtteilfest aufgebaut. Neben Kinderbespaßung, selbstgemachtem Essen aus der Nachbarschaft und Aktivitäten auf dem riesigen Sportplatz nebenan hatten wir es schwer, uns als Forschungsprojekt zu behaupten. Unsere blauen Projekt-Shirts, das blaue Fahrrad und die blauen Campingstühle hoben sich leider kaum von dem blauen Stand eines lokalen Drogeriemarktes neben uns ab. Und leider war dieser Stand viel attraktiver, da es ein Glücksrad gab und jede Menge Süßigkeiten zu gewinnen. Nicht, dass es bei uns nichts gegeben hätte – Teilnehmende der Diskussionen bekamen zum Dank von uns einen blauen Regenschirm mit einem Aufdruck des Lokstedter Wasserturms. Leider schien an dem Tag die Sonne, was unsere Wettbewerbsfähigkeit in der Aufmerksamkeitsökonomie des Stadtteilfests massiv untergrub.

Letztlich profitierten wir trotz allem von unserem gut besuchten Nachbarstand. Die dort wartenden Menschen verwickelten wir mittels unserer bis zur Perfektion optimierten Ansprachestrategie – „Kommen Sie aus Lokstedt?" – in Gespräche. Denn die Antwort auf diese Frage lautete bei diesem Stadtteilfest stets „Ja", und wer einmal mit „Ja" antwortet, lässt sich in der Regel noch weitere Fragen stellen. „Wir haben ein paar Klimaschutzmaßnahmen für Lokstedt entwickelt und würden diese gerne mit Ihnen diskutieren." Der ältere Herr, dem ich diese Frage gestellt habe, versteht nur Klimaschutz und schaut mich skeptisch an. Ich erkläre ihm, dass wir Meinungen zu einer flächendeckenden Tempo-30-Zone in Lokstedt einholen wollen. Ich verweise darauf, wie viele Haushaltsbefragungen wir durchgeführt haben, wie wir diese Maßnahmen auch zusammen mit Expert*innen entwickelten, und dass wir nun erneut Rückmeldung erbitten, um einige der Maßnahmen weiter zu vertiefen. Natürlich bin auch für alles gewappnet, was seinerseits kommen könnte, schließlich sind wir uns bewusst, wie kontrovers diese Maßnahme aufgenommen werden kann. „Junger Mann", spricht er mich mit einer Miene an, als würde er mir schriftliches Addieren beibringen wollen. Er fährt fort zu erklären, dass es in Lokstedt einfach zu viele Menschen gäbe und daher zu viel Verkehr. Die Lösung sei daher mehr Menschen nach Ostdeutschland zu schicken, weil da viel mehr Platz sei. Also eigentlich eine einfache Rechnung.

Kurz darauf bin ich in einem Gespräch mit einem weiteren Mann. „Bitte setzen Sie sich gerne!" Dabei deute ich auf unsere blauen Campingstüh-

„Kommen Sie aus
Lokstedt?“ […]
die Antwort auf
diese Frage lautete
bei diesem
Stadtteilfest stets
„Ja“,
und wer einmal mit
„Ja“
antwortet, lässt
sich in der Regel
noch weitere Fragen
stellen.

le. Vom Grundgedanken schienen diese Campingstühle eine gute Idee gewesen zu sein. Schließlich waren sie leicht und kompakt, und wer redet schon gerne Ewigkeiten im Stehen? Die Realität bewies uns jedoch einmal wieder das Gegenteil. „Nee, lieber nicht. Dann komme ich doch nicht mehr hoch." Tatsächlich waren die Campingstühle konstruktionsbedingt sehr niedrig, wodurch es die Schwerkraft gerade älteren Menschen verunmöglichte diesen Sitz wieder zu verlassen, wenn sie einmal saßen. Zwar hätte dies aus unserer Sicht auch von Vorteil sein können, wenn wir die Menschen dadurch zu langen und ausführlichen Gesprächen bewegt hätten – aber leider setzte sich kaum jemand hin. Wenn sich doch einmal eine Person setzte, hieß es, dass wir uns Familiengeschichten (siehe Kapitel „Ohne ~~die Alten~~ Alle geht es nicht!") anhören mussten. Lange Geschichten. Stehend versuche ich also dem Mann unsere Maßnahmen schmackhaft zu machen. Ich erkläre ihm, dass wir versuchen auf lokaler Ebene Veränderungen anzustoßen und unsere Maßnahmen auf Lokstedt ausgerichtet sind. Doch er unterbricht mich: „Das ist doch kein

Klimaschutz." Solange im Hafen die Kreuzfahrschiffe fahren, werde er nicht auf sein Auto verzichten. Er erklärt ausführlich, wie umweltschädlich Schiffsmotoren und wie harmlos dagegen sein Dieselmotor sei. Daher sei es für ihn aussichtslos Klimaschutzmaßnahmen in Lokstedt umzusetzen, solange tagtäglich Kreuzfahrtschiffe im Hafen anlegten. An sich ist dies ein berechtigter Einwand, denn es gibt viele Orte, an denen noch viel gemacht werden muss – jedoch wollten wir ja gerade schauen, was in Lokstedt gemacht werden könne. Und so blieb ich trotz des Gefühls für alles gewappnet zu sein immer wieder sprachlos zurück. Der Mann wendet sich schließlich von unserem Stand ab, vermutlich mit dem Gefühl diese Diskussion gewonnen zu haben. Nur dass es bei uns gar nichts zu gewinnen gab.

Kommunikation ist Alles?!

Kerstin Walz
wissenschaftliche
Mitarbeiterin

Externe Kommunikation:
Corporate Design-Vorschriften und die Frage der Wiedererkennung

In unserem transdisziplinären Projekt ist der Austausch mit den Bewohner*innen zentral. Das heißt, wir wollen Wissenschaft vermitteln, zum Mitmachen einladen, mit Menschen ins Gespräch kommen und Lust darauf machen, gemeinsam Lösungen zu entwickeln. Klar war also: wir brauchten ein gutes Design mit Wiedererkennungswert, Social Media und eine eingängige Projekthomepage! Auch Verwaltung und Universität können Twitter und Facebook, also woran soll es schon scheitern? Instagram war damals noch nicht so groß, dachten wir zumindest.

HALLO, SIND SIE AUS LOKSTEDT?

Im Projektantrag war bereits festgehalten, dass wir ein Projektlogo entwickeln, natürlich mit hohem Wiedererkennungswert und lokalem Bezug. Wir hatten uns ein klares Ziel gesetzt: Nach den drei Jahren sind wir eine Marke im Stadtteil! Der lokale Bezug war irgendwann gefunden: der Lokstedter Wasserturm, eine zentrale landschaftliche Marke, schick und durchaus als Symbol des Stadtteils nutzbar (zum Zustandekommen dieser Annahme, siehe Kapitel „Das heißt Loooooookstedt, nicht Lokstedt").

Der Vorgabe der Universität, dass nur in Ausnahmefällen ein Projektlogo erstellt werden darf, begegneten wir mit einem zweiseitigen formalen Antrag, in dem wir ausführlich die Dringlichkeit und die zwingende Notwendigkeit der Wiedererkennung darlegten. Unser Antrag wurde abgelehnt. Erlaubt sei eine Wortmarke, nicht jedoch eine Wortbildmarke: also kein neues Logo für uns. Denn hier habe die einheitliche Außendarstellung der Universität Vorrang. Zu viele Logos führten eher zu Verwirrung. Die letzte Auffassung teilten wir uneingeschränkt. Wir mussten nämlich vier Projektlogos der Partnereinrichtungen und ein Förderlogo des BMBF auf all unseren Öffentlichkeitsmaterialien unterbringen. Unsere Hoffnung, dies zumindest teilweise durch ein Projektlogo ersetzen zu können, schwand dahin. Aber gut, ein gutes Design geht auch ohne eigenes Logo.

Die Universität stellt hierfür zahlreiche Vorlagen für Flyer und Plakate bereit, alle im eigenen Corporate Design, und technisch betrachtet eine enorme Hilfe. Es müssen nur die eigenen Inhalte eingefügt werden und schnell hat man ein professionelles Produkt. Nur haben die Projektpartner*innen eben auch ihr jeweils eigenes Corporate Design. Wie geht man damit um? Ein Anruf in der Abteilung für Öffentlichkeitsarbeit sollte Klarheit bringen. Wir waren schließlich nicht das erste Projekt mit außeruniversitären Partner*innen. Das Gespräch brachte auch schnell Licht ins Dunkel und eine eigentlich einfache Lösung: Da wir von der Universität formal die Projektleitung hätten, würde bei allen Materialien das Corporate Design der Universität greifen. Das sahen die gleichberechtigten Projektpartner*innen natürlich nicht ganz so. Auch ihre Vorgaben machten sehr klar, dass ein Abweichen vom eigenen Corporate Design nicht möglich sei.

Nach langen, gemeinsamen Überlegungen im Projektkonsortium verständigten wir uns auf ein elegantes Abwechslungsmanöver. Für Projektveranstaltungen im Stadtteil nutzten wir fortan das Design der städtischen Partner*innen, mit der berechtigten Hoffnung verbunden, dadurch einen größeren Interessierten-Kreis anzusprechen. Beim Projektflyer wiederum griffen wir auf das Design der Universität zurück, hier war die Auswahl der Formate überzeugend. Mit ein wenig Bastelei war es möglich, die Vorlage auszutricksen und auf der Fläche, die für ein Logo vorgesehen war, insgesamt fünf Logos unterzubringen. Detailerkennung wird überbewertet, Fähigkeiten in InDesign können hingegen Gold wert sein.

Die Wiedererkennung als zu Beginn groß ausgerufenes Ziel wurde ein bisschen weniger wichtig – aber immerhin konnten wir ein Foto des Wasserturms als lokalen Anker verwenden. Wir nutzten es von Beginn an auf all unseren öffentlichen Materialien. Die Außendarstellung gestaltete sich also schwieriger als gedacht, zumal im Laufe der Zeit weitere Fragen hinzukamen:

- Wie können wir Menschen abbilden und zeigen, dass wir mit den Bewohner*innen ins Gespräch kommen, ohne sie mit der Frage zu verschrecken, ob wir sie fotografieren dürfen? So eine spontane Gesprächssituation im öffentlichen Raum ist eine eher fragile Situation, ist es da nicht unhöflich zu fragen? Rechtlich notwendig ist es. Alternativ entwickelten wir Fähigkeiten die Perspektive der Kamera so auszuloten, dass alle Stadtteilbewohner*innen vor allem von hinten zu sehen oder die Gesichter aus anderen Gründen nicht zu erkennen waren.

- Facebook und Twitter: Was darf, soll, kann so ein Projekt eigentlich posten? Was können wir teilen? Womit positionieren wir uns zu politisch? Welche Absprachen braucht es hierfür auch zwischen den Projektpartner*innen?

- Wo dürfen im öffentlichen Raum eigentlich Plakate aufgehängt werden?

- Wie kann man größtmögliche Transparenz und Datenschutz in Einklang bringen?

- Welche Fragen können wir im Dschungel der formalen Corporate Design-Vorgaben den zuständigen Ansprechpartner*innen in Universität und Verwaltung stellen, und was fragen wir lieber gar nicht erst, um keine schlafenden Hunde zu wecken?

Interne Kommunikation: Die Freuden der institutionellen Logiken

Die Frage der Außenkommunikation ist die eine Sache. Die andere ist es, wie man es schafft zwischen allen beteiligten Projektpartner*innen eine gute interne Kommunikation zu etablieren und im besten Fall einen gemeinsamen Speicherort für die Bearbeitung von Dokumenten einzurichten. Letzteres ist die Königsdisziplin, wie wir schnell festgestellt haben.

Nur weil die beteiligten Institutionen die gleichen Programme nutzen, heißt es nicht, dass auch eine gemeinsame Nutzung geteilter Dokumente möglich ist. Die Institutionen geben oft bestimmte Programme und Plattformen vor, die die gewünschten Funktionen auf abgesicherte Weise bereitstellen sollen. Bestes Beispiel: SharePoint. Sowohl die Universität als auch die städtische Verwaltung nutzen das Programm, es bietet den erforderlichen Datenschutz – nur gestalten sich gemeinsame Nutzungen über verschiedene Institutionen hinweg nicht ganz unkompliziert. Ja, es ist möglich, externe Partner*innen einzuladen, Zugriff auf Daten zu gewähren etc. Aber mit der Zeit wurde klar, dass es doch sehr entscheidende Unterschiede in der Nutzungs- und Zugangsfreundlichkeit gab, wenn man die Plattform als Externe*r nutzte. Nach einigen Monaten der Bemühung trafen wir die Entscheidung, dass wir damit leider nicht effektiv arbeiten konnten.

Es gibt aber noch weitere unzählige Programme auf dem Markt. Doch Google-Programme sind zum Beispiel per se von der Universität in der Nutzung ausgeschlossen, viele andere fallen ebenfalls in die Kategorie „Datenschutz nicht hoch genug". Entfernt man sich also von den Programmen der Institutionen, die für derartige Zusammenarbeiten vorgesehen sind, ist es immer eine Frage, wie sehr man sich datenschutzrechtlich in Grauzonen begeben möchte, wer welches Programm kennt und gerne nutzt. Wir haben für

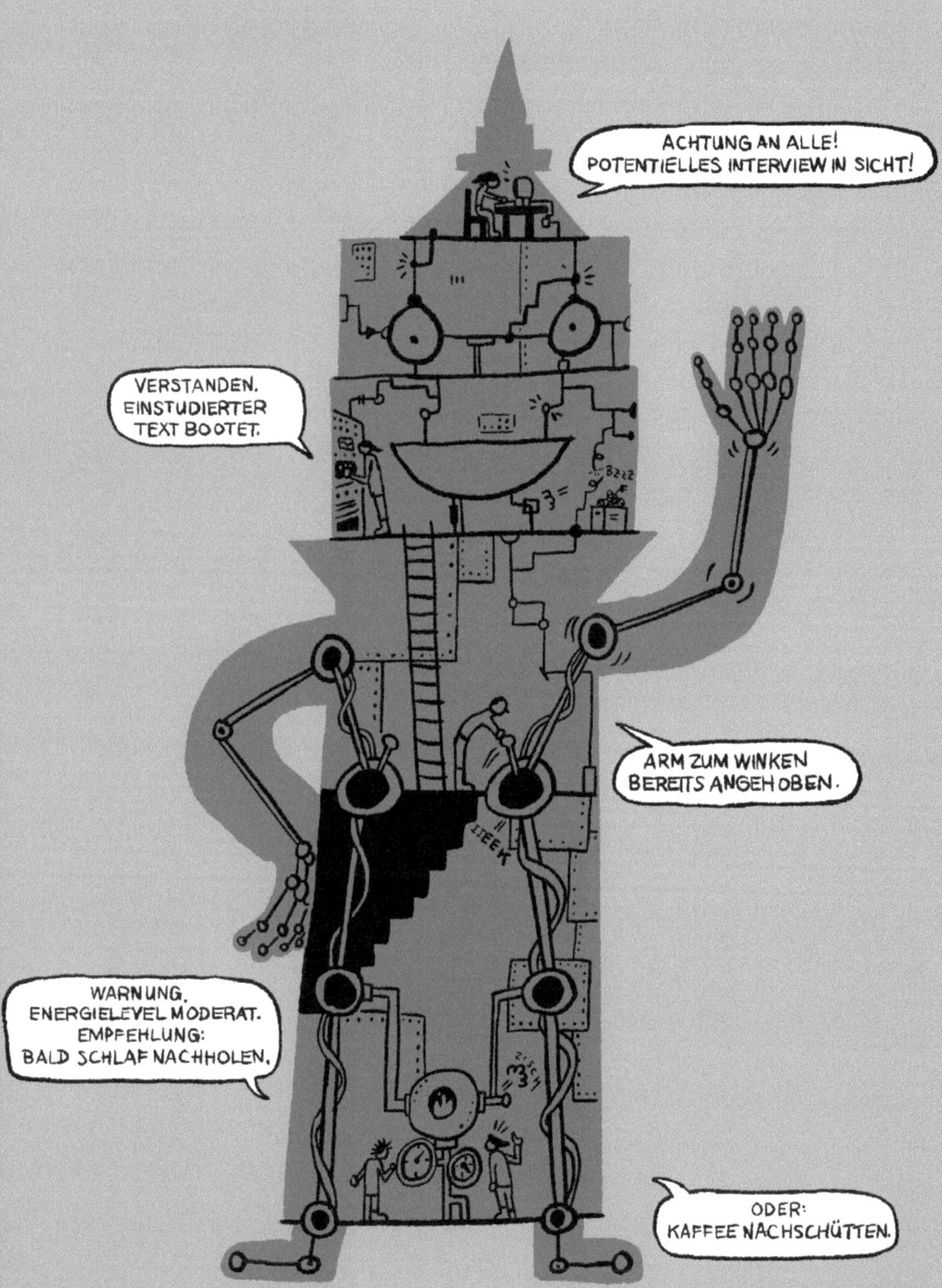
ACHTUNG AN ALLE! POTENTIELLES INTERVIEW IN SICHT!
VERSTANDEN. EINSTUDIERTER TEXT BOOTET.
BZZZ
ARM ZUM WINKEN BEREITS ANGEHOBEN.
IIEEK
WARNUNG. ENERGIELEVEL MODERAT. EMPFEHLUNG: BALD SCHLAF NACHHOLEN.
ZISCH
ODER: KAFFEE NACHSCHÜTTEN.

Kommunikation, die in Bezug auf den Datenschutz unbedenklich ist, mit Trello experimentiert, heute ist es CryptPad. Das Problem bleibt, große Datenmengen teilen und gemeinsam bearbeiten zu können.

Der Unterschied zeigt sich besonders deutlich, wenn wir diese Herausforderungen damit vergleichen, was intern im Uni-Team möglich ist. Von Beginn an hatten wir im Universitäts-Netzwerk einen gemeinsamen Projektordner, in dem wir alle Dokumente ablegen und gemeinsam bearbeiten konnten, was die Arbeit ungemein erleichtert. Hierfür Alternativen zu suchen und auch alle externen Projetpartner*innen darin einzuarbeiten, bleibt zeitaufwendig und kommt zu all den anderen inhaltlichen Aufgaben noch hinzu. Letztlich war es oft die gute alte E-Mail, auf die wir immer wieder zurückkamen, um schnell und unkompliziert miteinander zu kommunizieren.

Enorm hilfreich waren zudem unsere wöchentlichen Arbeitstreffen, bei denen wir uns mit den Projektmitarbeiter*innen der beteiligten Institutionen wöchentlich zum Austausch in Präsenz trafen (vor der Covid-19-Pandemie), um Fragen zu klären und Vorhaben zu besprechen. Denn wenn ein wöchentlicher Termin, der für alle passt, erstmal gefunden ist, kann der persönliche und direkte Austausch immer noch am unkompliziertesten stattfinden und hält so auch die E-Mail-Postfächer leer.

Es gibt aber noch weitere unzählige Programme auf dem Markt. Doch Google-Programme sind zum Beispiel per se von der Universität in der Nutzung ausgeschlossen, viele andere fallen ebenfalls in die Kategorie „Datenschutz nicht hoch genug".

„Hier dürfen wir <u>nicht</u> stehen"

Joshua Kaewnetara
studentischer
Mitarbeiter

Nachdem die Haushaltsbefragungen ausgewertet und die ersten klimafreundlichen Maßnahmen entwickelt waren, wurde das Lokstedter Stadtbild mehrfach die Woche durch vier Menschen in blauen T-Shirts, einem aus Aluminium eigens für das Projekt gefertigten Lastenrad und einigen blauen Campingstühlen geprägt. In wechselnden Teams aus Projektmitarbeiter*innen der Universität, des Bezirks und der Umweltbehörde und den studentischen Mitarbeiter*innen waren wir in Lokstedt unterwegs und führten Straßenbefragungen zu den vorgeschlagenen Maßnahmen durch. Dazu suchten wir uns möglichst häufig frequentierte Orte aus, wie den als alte Dorfstraße bezeichneten Stadtteilkern, den Wochenmarkt, U-Bahn-Stationen oder Grünzüge. Faierweise muss man anmerken, dass es gar nicht so einfach ist einen belebten Ort in Lokstedt zu finden, an dem man genug Menschen für Straßenbefragungen trifft. An einem Tag trafen wir früher am verabredeten Ort ein als unsere Kollegin vom Bezirksamt. Wir suchten uns einen schönen Platz in dem kleinen Park, und zwar direkt neben einer Sitzbank, um es Leuten zu ermöglichen sich für die Diskussion der Maßnahmen hinzusetzen – auch weil unsere selbstmitgebrachten Campingstühle nicht in dem Maß angenommen wurden wie von uns erhofft (siehe Kapitel „Das ist für mich kein Klimaschutz"). Wir bauten die Stellwände auf, legten Infomaterial aus und machten uns bereit, vorbeilaufende Menschen anzusprechen. Gerade als wir starten wollen, kommt unsere Kollegin vom Bezirksamt dazu, grüßt uns kurz, wühlt in ihrer Tasche und zieht einen Zettel heraus. Sie schaut uns an und sagt: „Hier dürfen wir nicht stehen." Die Genehmigung für unseren Stand war nicht an der Stelle, an der wir uns aufgestellt hatten, sondern 30 Meter weiter im selben Grünstreifen. Einen Unterschied zu unserem Standort gibt es nicht, außer, dass dort keine Bank ist. Kurz klammere ich mich an den Schimmer der Hoffnung, dass es doch als Scherz gemeint sei (was sind schon 30 Meter) und wir nicht nochmal alles ab- und wieder aufbauen müssen. Doch eigentlich weiß ich inzwischen, dass die formalen Genehmigungen beim Bezirksamt eher nicht zur Diskussion stehen. Unser Stand muss genau da stehen, wo er auf dem Plan eingezeichnet ist. Zwar hatten wir in der Beantragung der Nutzung des öffentlichen Raums versucht möglichst passende Orte auszuwählen, doch in der praktischen Umsetzung zeigte sich eben manchmal doch, dass es wenige Meter weiter etwas praktikabler gewesen wäre. Und wenn sich selbst das Bezirksamt nicht an die Vorgaben hält, wer dann? Wir zogen an diesem Tag also auf die in der Genehmigung gekennzeichnete Fläche um. Unsere Kollegin hatte zudem immer die ausgedruckte Genehmigung dabei, falls uns die Polizei einmal kontrollieren würde, und drillte auch uns dahingehend. Kontrolliert wurde diese jedoch nur ein einziges Mal und das nicht von der Polizei. Und leider war unsere Kollegin an diesem Tag nicht dabei...

An jenem Tag noch in der Frühphase des Projekts wichen wir also von unserem zugewiesenen Standort ab – wie gesagt, was sind schon ein paar Meter? Der Wochenmarkt in der Grelckstraße war unser Ziel. Dort war eine Schranke heruntergelassen, damit Autos nicht auf die Fläche des Wochenmarktes fahren können. Unser Stand hätte vor der Schranke, außerhalb des Wochenmarktes aufgebaut werden müssen. Direkt auf dem Wochenmarkt zu stehen schien für uns aber deutlich attraktiver, da dort viel mehr Laufkundschaft war, die wir uns erhofften in Diskussionen über Klimaschutzmaßnahmen zu verwickeln. Also bauten wir unseren Stand zwischen den Gemüse-, Käse und Fischständen auf. Doch wie fehl am Platz wir hier waren, war uns nicht bewusst. Nachdem wir uns eingerichtet hatten und mitten in den ersten Gesprächen mit den Menschen waren, kommt plötzlich ein Mann auf uns zugeschritten, dem sichtlich Entrüstung und Wut ins Gesicht geschrieben stehen. „Das ist mein Markt!" – schreit er. Das ist formal richtig, denn er ist der Marktmeister des Bezirksamtes, der für die Stände auf dem Markt zuständig ist. Wir versuchen ihm zu erklären, dass wir ein harmloses Forschungsprojekt sind und eine polizeiliche Genehmigung für einen Stand haben, wobei wir erst einmal unter-

schlugen, dass dieser eigentlich vor der Schranke sein soll. „Ich entscheide, wer hier steht! Die Polizei hat hier gar nichts zu sagen! Und ich wüsste, wenn ich euch erlaubt hätte, hier zu stehen". Wir ziehen unsere Genehmigung heraus, sehr froh das Dokument dabei zu haben, und zeigen, dass wir – eben ein paar Meter weiter – wirklich eine Genehmigung haben. Den Marktmeister konnten wir damit aber leider nicht überzeugen. Also packten wir erneut unsere Sachen und begaben uns zu dem uns eigentlich zugewiesenen Stand vor dem Markt. Der Kollegin vom Bezirksamt erzählten wir natürlich nichts von alldem und hielten uns seitdem auch von Seite der Universität doch etwas genauer an die genehmigten Standorte.

Ihr hättet das Kapitel vor exakt sechs Seiten einleiten sollen.

Die Hierarchie der Sachmittel

Hauke Feddersen
studentischer
Mitarbeiter

Dinge können sprechen! Das erscheint seltsam, aber im Kontext meiner Tätigkeit als studentischer Mitarbeiter in Lokstedt ist mir die Bedeutung, die diese Aussage haben kann, deutlich geworden. Geistes,- oder Sozialwissenschaftler*innen werden an dieser Stelle unbeeindruckt nicken. Schließlich begegnet den meisten Studierenden der Philosophie und Soziologie (auch mir) im Studium der Soziologe Bruno Latour. Ja klar können Dinge sprechen. Menschen, denen dieser Gedanke fremd erscheint, werden sich jedoch wundern. Dinge können sprechen?

Sprechfähigkeit der Sachmittel

Um zu erklären was ich meine, fange ich am besten von vorne an.

Zu Beginn meiner Karriere als studentischer Mitarbeiter an der Universität Hamburg habe ich festgestellt, dass meine Stelle nicht über die Universität, sondern über das Bundesministerium für Bildung und Forschung (BMBF) finanziert wird. Mir war das damals relativ egal. Ich hatte den Job und wer mich letztendlich offiziell bezahlte, war für mich nebensächlich. Insofern fand ich es damals lediglich etwas belustigend, als meine Studi-Kolleg*innen und ich irgendwann davon hörten, dass studentische Hilfskräfte aufgrund von Verwendungsrichtlinien in manchen Forschungsprojekten als „Sachmittel" in den Abrechnungen verbucht wurden. So auch bei uns. Zwar wurden im Projekt verschiedene Maßnahmen ergriffen, damit sich diese Bezeichnung nicht etablierte (50 Cent in das Sparschwein, wenn man Sachmittel sagte!), aber irgendwie blieb es doch hängen. Und dass mit dieser hierarchischen Bezeichnung eben doch ein Funken Wahrheit verbunden ist, wurde mir im Laufe des Projekts immer wieder bewusst. Hier war ganz klar der Kontext entscheidend. In meiner praktischen Arbeit spiegelte sich dies zunächst nicht wider. Im Gegenteil. Vor allem die sogenannte Feldarbeit in Lokstedts Straßen zeichnete sich durch eine angenehme Kommunikation auf Augenhöhe aus. Obwohl wir im Projekt unterschiedliche Positionen innehatten und damit auch abweichende Entscheidungsbefugnisse und Verantwortungen einhergingen, wurden wir auf der Straße gleichbehandelt. Das mag auch an den in der Regel zu klein ausfallenden T-Shirts und Kapuzenpullis liegen, die wir alle tragen mussten… äh getragen haben. Equal shirt = equal right → but too tight. Egal ob bei Interviews in der Privatwohnung der Befragten oder bei Gruppendiskussionen auf dem Markt ist die Kommunikation, unabhängig von der Gehaltsstufe des/der Interviewer*in, immer gleich aufgeschlossen, freundlich oder auch aufgebracht gewesen. Nach einiger Zeit hatten wir aufgrund der täglichen Praxis vor Ort eine erhebliche Sachkenntnis darüber erlangt, was die Lokstedter*innen im Zusammenhang mit dem Projekt bewegte. Auch deswegen (nicht nur wegen der Pullis) war für die Bewohner*innen kein Unterschied zwischen Mitarbeiter*innen des Bezirksamtes, Vertreter*innen der Leitstelle Klima und uns Studis erkennbar.

Zudem waren wir aus unseren universitären Kontexten sehr gewohnt Themen kontrovers und das eine oder andere Mal auch sehr frei und utopisch zu diskutieren. Losgelöst von Titeln und Gehaltsstufen haben wir versucht inhaltlich nach dem besten Argument zu suchen (zumindest dem Ideal nach).

Wir folgten der Idee der flachen Hierarchie, dem zwanglosen Zwang des besseren Arguments und der Augenhöhe in der Kommunikation. Dieses Forschungsprojekt schien alle gleichermaßen zu Wort kommen zu lassen – oder etwa nicht?

Einen Realitäts-Check habe ich durch die transdisziplinäre Zusammenarbeit bekommen. So war mir natürlich klar, dass Behörden einer anderen Logik folgen als die (Sozial-) Wissenschaften und Menschen anders reagieren, wenn sie mit „Prof. Dr." reden als mit „Student*in XY". Die Existenz von Hierarchien und Status war mir durchaus bewusst.

Wissen und erleben sind jedoch zwei unterschiedliche Dinge.

Interessant wurde es beispielsweise immer, wenn wir Sachmittel Einblicke in die Kommunikations- und Entscheidungsebene anderer Institutionen bekommen konnten.

Waren wir Hilfskräfte die flachen Hierarchien und einen zwanglosen Umgang im Austausch der Argumente gewohnt, so traten wir hier in eine Arena voller politischer und institutioneller Logiken und Sachzwänge. Hier war klar geregelt, wer für was zuständig ist – und mindestens genauso wichtig: wer wofür nicht zuständig ist. In diesem Kontext kann es ein schmaler Drahtseilakt sein, von eben diesen Zuständigkeiten abzuweichen und Aufgabenverteilungen etwas freier zu interpretieren. An diesen Stellen konnten wir dann die Erfahrung machen, dass bei manchen Themen und Ideen die Entscheidungsfindung doch nicht immer ausschließlich vom besten Argument, sondern manchmal von der Institution oder Person mit den jeweiligen Entscheidungskompetenzen abhängig ist.

Entsprechend mussten wir dann einsehen, dass sich die Sprechfähigkeit von Sachmitteln in bestimmten Kontexten manchmal im Verfassen von Protokollen erschöpft.

Erlaubt, machbar oder utopisch?

Kerstin Walz
wissenschaftliche
Mitarbeiterin

Franzi Krieger
studentische
Mitarbeiterin

In der Definition von Transdisziplinarität ist die Zusammenarbeit verschiedener Institutionen aus verschiedenen Sphären bereits angelegt. Während interdisziplinäres Arbeiten die Zusammenarbeit verschiedener wissenschaftlicher Disziplinen beschreibt, finden sich in transdisziplinären Projekten Zusammenschlüsse verschiedener Institutionen, die nicht zwangsläufig aus der Wissenschaft kommen. Ein solches Projekt erfordert Kommunikation untereinander. Kommunikation läuft nicht immer erfolgreich ab, wie wir nicht nur aus alltäglichen Erfahrungen, sondern auch aus Seminaren an der Universität wussten. Mit einer Projektleitung, die an der Universität Bielefeld sozialisiert wurde, hatten wir eigentlich die besten Voraussetzungen, Kommunikations-

B
I E L
EFELD
Bitte buchstabieren Sie.
L
U H
MANN

problemen bereits im Vorfeld gewappnet zu begegnen. Mit der Kommunikation im Alltag ist das aber so eine Sache. Ein Beispiel: Menschen, die sich mit Soziologie auseinandergesetzt haben und ein wenig Kenntnisse über die Universitätslandschaft in Deutschland besitzen, werden unsere Anspielung zur Universität Bielefeld verstehen. Erfolgreiche Kommunikation also. Im besten Fall noch ein Schmunzeln und das Gefühl, mal wieder Niklas Luhmann lesen zu wollen – der berühmte Bielefelder Soziologe spezialisierte sich in seiner Lebenszeit (1927-1998) auf eine kommunikative Theorie der Gesellschaft. Menschen ohne Soziologie-Kenntnisse werden im schlimmsten Fall das Buch genervt zur Seite legen. Kommunikation abgebrochen.

Dass die Kommunikation zwischen den einzelnen Institutionen in einem transdisziplinären Projekt nicht immer reibungslos ist, erwarteten wir im Vorfeld. Was das im Detail bedeutete und wie hier auch unterschiedliche Vorverständnisse hineinspielen, konnten wir immer wieder in den Teambesprechungen erproben.

Dabei läuft die Kommunikation oft auf verschiedenen Ebenen gleichzeitig ab. Manchmal entsteht eine eifrige Diskussion über die Definition von einzelnen Begriffen, während sich die Unterschiede eigentlich auf einer tieferliegenden Ebene befinden, wo es z. B. um das Grundverständnis von gesellschaftlicher Transformation geht. So ging es etwa mehrfach darum, welche Rolle Einzelpersonen als Alltagsmenschen für die Transformation spielen (können), was für engagierte Individuen bereits jetzt schon machbar wäre oder durch welche strukturellen Barrieren klimafreundliches Handeln derzeit noch massiv erschwert wird. Dahinter liegt auch immer wieder die Frage, ob man stärker auf Wissensvermittlung, Bildung und den Bewusstseinswandel setzen soll, oder ob das nicht eher eine Ablenkung von den strukturellen Voraussetzungen für den Wandel bietet. Denn die strukturellen Voraussetzungen müssen letztlich von den politischen Entscheidungsträger*innen geschaffen werden. Solche unterschiedlichen Perspektiven bleiben oft implizit, führen aber zu eher symbolischen Auseinandersetzungen auf einer anderen Ebene. Das mag manchmal frustrierend sein, ist letztlich aber eben die Konsequenz aus der Zusammenarbeit verschiedener Institutionen, die zwar alle das gleiche oder zumindest ein ähnliches Ziel haben, die den Weg dahin aber sehr unterschiedlich einschätzen.

„Die Zukunftsstadt ist lebenswert, CO_2-neutral, klimaangepasst, energie- und ressourceneffizient“

Das zeigte sich auch im Hinblick auf das Ziel unseres Projektträgers: „Die Zukunftsstadt ist lebenswert, CO_2-neutral, klimaangepasst, energie- und ressourceneffizient" (Beschreibung der Fördermaßnahme „Nachhaltige Transformation urbaner Räume" des BMBF). Das ist das erklärte Ziel der Leitinitiative Zukunftsstadt, zu der unser Projekt zusammen mit 23 weiteren Verbundprojekten gehört. Es geht darum neue Möglichkeiten des urbanen Lebens zu erproben und den derzeitigen nicht-nachhaltigen Stand der Dinge hinter sich zu lassen. Wir starteten dementsprechend mit großen Erwartungen (siehe auch Einführungskapitel): Wir wollten klimafreundliche Maßnahmen in den Bereichen der Haushaltsenergie, der Mobilität und des Abfallmanagements gemeinsam im Hinblick auf ihre Wirksamkeit, Zukunftsfähigkeit und Anschlussfähigkeit testen. In einem bescheidenen Umfang wollten wir auch strukturelle Veränderungen erwirken (zum Prozess der Maßnahmen-Entwicklung und der beteiligten Akteursgruppen siehe „Kurzdarstellung", S. 19).

Doch womit wir – von der Universität kommend – nicht gerechnet hatten, war die Realität der städtischen Verbundpartner*innen. Wie sehr konnte man wirklich radikale Veränderungen diskutieren? Wie sehr sollte der derzeit rechtliche Rahmen die Entwicklung klimafreundlicher Ansätze eingrenzen? Gab es Möglichkeiten, über die derzeitigen rechtlichen Regelungen hinaus zu denken? Während wir von der Universität das Ziel verfolgten, jenseits regulativer Rahmengebungen Veränderungsmöglichkeiten zu diskutieren, stand bei den städtischen Partner*innen immer wieder die (legitime) Frage der unmittelbaren Machbarkeit im Vordergrund. Und so hatten wir in unseren Teambesprechungen immer wieder illustre Diskussionen darüber, was erlaubt, machbar oder einfach zu utopisch sei.

Ein gutes Beispiel derzeit geltender und sehr einflussreicher Rahmenbedingungen aus dem Themenbereich der Mobilität bietet die Straßenverkehrsordnung (StVO). Zu einem bestimmten Zeitpunkt diskutierten wir die flächendeckende Ausweitung von Tempo 30 in der Stadt. In den Gesprächen vor Ort, die für uns wichtiges Feedback zur lokalen Anschlussfähigkeit darstellten, kam dabei immer wieder der Wunsch auf, verstärkt Zebrastreifen in Tempo-30-Zonen einzurichten. Dies ist laut geltender StVO jedoch nicht erlaubt, auch wenn es Relikte früherer Zeiten gibt, in denen auch in Tempo-30-Zonen Zebrastreifen zu finden sind. Wir diskutierten in Projektrunden nun,

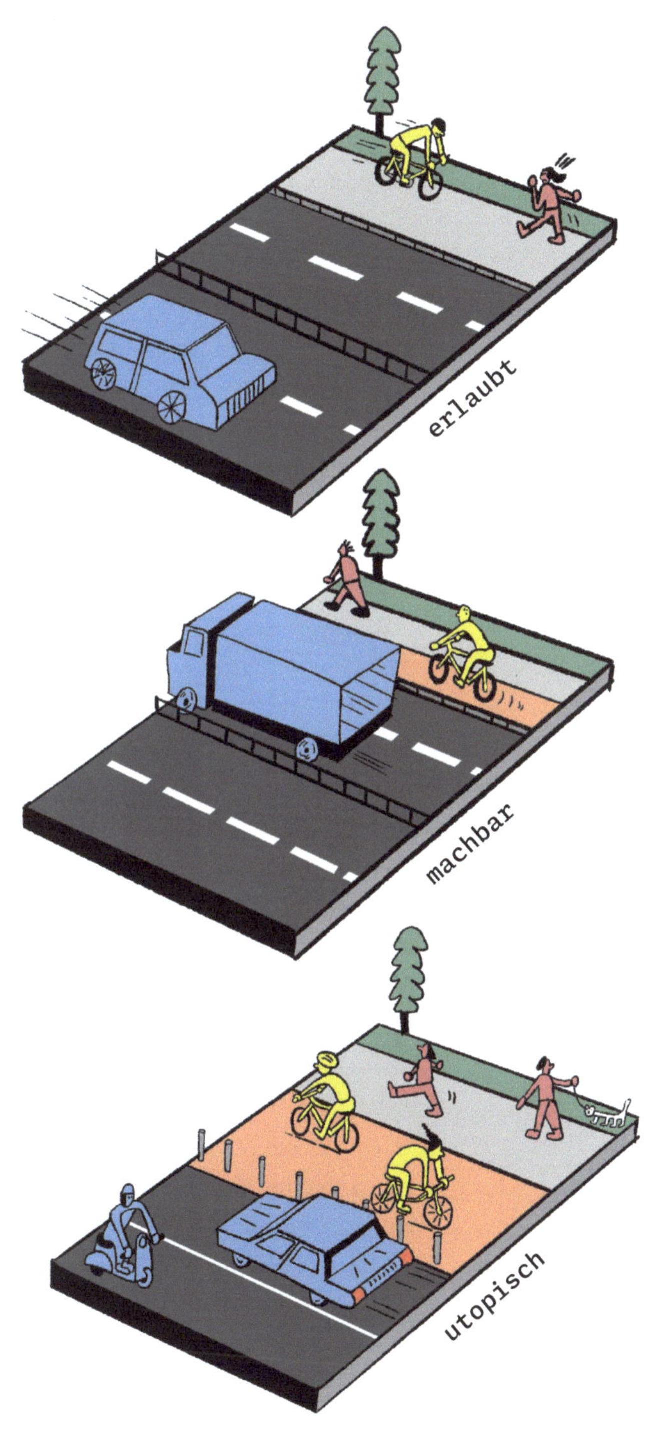
erlaubt
machbar
utopisch

wie weit wir dieses Ergebnis in den Vordergrund stellen sollten, oder ob wir dies direkt als derzeit nicht machbar deklarieren sollten. Denn auch die StVO ist natürlich weder vom Himmel gefallen noch in Stein gemeißelt (auch wenn man manchmal den Eindruck gewinnen kann). Sie kann allerdings auch nicht auf Bezirks- oder Landesebene verändert werden.

Als universitärer Teil des Forschungsteams können wir sehr viel vorschlagen und auch utopische Ideen zumindest diskutieren. Sehen Behörden jedoch über vorhandene Strukturen und Regelungen hinweg, kann es politisch werden. Durch die transdisziplinäre Zusammenarbeit erhält eine diskutierte Maßnahme also manchmal einen ganz anderen Stellenwert. Es ist nicht länger (nur) das Ergebnis eines Forschungsprojekts, sondern kann als politische Positionierung der beteiligten Partner*innen aufgegriffen werden. Die städtischen Partner*innen waren und sind in ein ganz anderes Geflecht an Verantwortlichkeiten, Zuweisungen und Rechenschaftspflichten eingebunden, als wir es vom universitären Kontext gewohnt sind.

Dies begegnete uns auch immer wieder vor Ort. In Diskussionen mit Bewohner*innen kam nachvollziehbarerweise oft die Frage auf, welche der diskutierten Maßnahmen denn umgesetzt werden würden. Die Antwort, dass wir ein Forschungsprojekt seien und die Frage der Umsetzung zunächst einmal außerhalb des Forschungsrahmens liegt, war für unsere Gesprächspartner*innen oft nicht zufriedenstellend. In unseren öffentlichen Veranstaltungen wurde permanent die Erwartung an unsere städtischen Partner*innen kommuniziert, dass die Dinge auch endlich umgesetzt werden müssen. Daher war eine unserer wichtigsten Aufgaben im Projekt das Erwartungsmanagement. Für uns bedeutete dies eine kommunikative Balance zu finden zwischen dem Eröffnen kreativer Denkräume und einer realistischen Einschätzung, welche Ansätze tatsächlich für eine Umsetzung aufgegriffen werden können. Dies hat unser Projekt ungemein geprägt und auch in unseren Teamrunden einmal mehr gezeigt, wie wichtig es ist, die jeweils anderen Handlungslogiken nachvollziehen zu können. Einige der vorgeschlagenen Maßnahmen haben wir zwar auch umzusetzen versucht – nachdem sie den mehrfachen Filter der Haushaltsinterviews, Expert*innenrunden, Diskussionen im Stadtteil und einer abschließenden Bewertung durch Anwohner*innen durchlaufen haben. Aber im Prozess der Umsetzung haben sie ihren Charakter deutlich verändert. Interessante Ansätze erwiesen sich im Nachhinein als zu utopisch und wichen einer machbaren Minimalvariante. So wurde aus einer dauerhaft lokal verankerten Anlaufstelle für die energetische Sanierung von Privathäusern eine Informationswoche, in der verschiedene Beratungsagenturen und Vereine an verschiedenen Orten im Stadtteil über Förderangebote informierten. Und aus den strukturellen Ideen für eine lokale Kreislaufwirtschaft wurde ein einzelner Tauschtag – der zwar sehr viel Spaß gemacht hat, aber als einzelnes Ereignis kaum Transformationsdynamik entfalten kann. Um das Machbare näher an das Utopische heranzurücken, müssten sowohl Anwohner*innen als auch Politik und Verwaltung eine sehr viel höhere Veränderungsbereitschaft an den Tag legen, und vieles, was noch nicht erlaubt ist, muss irgendwann erlaubt werden.

Ohne ~~die Alten~~ Alle geht es nicht

Franzi Krieger
studentische
Mitarbeiterin

Unser Ziel im Stadtteil war es, eine möglichst heterogene Gruppe an Menschen zu erreichen. Wir waren ein mehrheitlich recht junges Team und hatten häufig Gespräche und Interviews, bei denen die Befragten deutlich älter waren als wir. Die aus unserer Perspektive älteren Leute blieben uns häufig im Gedächtnis als diejenigen, die uns nicht zu Wort kommen ließen und alles besser wussten als „wir jungen Leute". Unser Bild wurde sicher auch davon bestärkt, dass ältere Menschen auch in der einschlägigen Forschungsliteratur als diejenigen gelten, die sich mit Veränderungen schwertun, und unser Projekt war als Transformationsprojekt eben genau auf diese Veränderungen ausgelegt. Alte Leute und Innovation, das vertrage sich nicht gut und so sei ein behutsames Vorgehen von Nöten, um keine Überforderung und Abwehrhal-

Ich bin zu alt,
Ihr macht das schon.
Ich bin zu alt,
Ihr macht das schon.
Ich bin ... ähm ...
Ihr macht das schon.
Ich hab grade echt
andere Sorgen.
Macht endlich
auch was!
FFF
...
90
70
50
30
10
0

tung auszulösen. Das war einer der Punkte, den unser Partner vom Bezirksamt bei seiner Einführung zu Lokstedt mehrfach betonte. Befeuert wurde die ganze Konstellation von Momenten, in denen wir uns tatsächlich enorm vor den Kopf gestoßen fühlten. So beispielsweise, als wir an einem Tag in einer der zentralen Straßen Lokstedts von einer alten Frau angepöbelt wurden: „Hier ist alles so dreckig! Ihr jungen Leute macht alles dreckig!" Der viel heraufbeschworene Generationenkonflikt schien auch bei uns im Projekt allgegenwärtig zu sein und so entwickelte sich bei uns nach und nach eine gewisse Abwehrhaltung gegenüber der älteren Generation.

Umso nachdenklicher stimmte mich dann die Arbeit an diesem Kapitel. Sind die alten Leute wirklich so nervig gewesen? Hat es wirklich so viele Situationen gegeben, in denen wir angepöbelt wurden? Oder spielten hier einfach unsere Perspektive und Erwartungen eine größere Rolle? Gerade in einigen der Haushaltsinterviews gab es positive Rückmeldungen zum Thema Klimaschutz, und wir wurden ein ums andere Mal überrascht – beispielsweise als eine ältere Frau uns von ihrem gescheiterten Versuch berichtete, den eigenen erwachsenen Kinder vegetarisches Tofu-Gulasch schmackhaft zu machen. Und in zahlreichen weiteren Gesprächen verdeutlichten die Menschen die Notwendigkeit eines sorgsamen Umgangs mit der Natur. Solche Erzählungen endeten jedoch meistens mit dem Credo, sie selber seien nun zwar zu alt um wirklich etwas zu bewegen, fänden es aber super, dass wir jungen Leute das in die Hand nehmen würden. Den letzten Satz hörten wir wieder und wieder – sowohl von denen, für die Klimaschutz im Alltag eine geringe Rolle spielte, als auch Menschen, die sehr wohl den eigenen Alltag veränderten oder sich engagierten. Menschen der älteren Generationen schienen sich auch selber in die ihnen zugeschriebenen Rollen der ewig Gestrigen zu drängen. In diesen Momenten wurden wir zwar nicht angepöbelt, aber die Last der Klimakatastrophe wurde auf uns abgewälzt. Wir, die Alten, und ihr, die Jungen.

Gegenseitige Vorwürfe sind natürlich inzwischen sehr üblich und prägen immer wieder einmal die Verhältnisse zwischen den Generationen. So berechtigt die Wut darüber ist, dass viele ältere Menschen die Verantwortung für den Klimawandel von sich weisen oder eine Politik verantworten, die die Bürden des Klimawandels auf die nachfolgenden Generationen schiebt, so wenig konnte uns in Lokstedt eine solch konfrontative Haltung weiterhelfen.

Genauso wenig eben wie die Haltung älterer Menschen, sie selber könnten nichts mehr ausrichten und die Verantwortung läge nun bei den jungen Leuten. Stattdessen war es sinnvoll, die vielen verschiedenen Perspektiven wahr- und anzunehmen. Statt in gegenseitige Abwehrhaltungen zu verfallen und den Generationenkonflikt immer wieder heraufzubeschwören, sollten wir uns fragen, wie wir voneinander lernen können und annehmen, dass die Verantwortung bei uns allen liegt. Denn der Umgang mit der Klimakrise erfordert generationenübergreifende Allianzen!

Sein & Schein – durch den Profilierungswettbewerb zur Transformation?

Anita Engels
Projektleitung

Die erste Projektphase beendeten wir 2019 mit einem Straßenfest, denn wir wollten den vielen Lokstedter*innen, die mit uns zusammengearbeitet hatten, etwas zurückgeben. Es ging uns außerdem darum, unsere Ergebnisse zur klimafreundlichen Stadtteilentwicklung besser bei einem Fest unter die Leute bringen zu können als es bei einer Fachtagung in der Universität oder in der Behörde der Fall gewesen wäre. Und schließlich ging es auch darum, gerade das lokale Netzwerk zum Klimaschutz zu stärken. Es lag nahe, dieses Fest in der Grelckstraße zu veranstalten, um an das Thema des alten und neuen Ortskerns anzuknüpfen und zumindest für einen Tag die Straße für den Durchgangsverkehr zu sperren. Bei einer solche Sperrung geht es nicht in erster Linie um das Vermeiden von Autoverkehr, sondern um das Experimentieren mit einer alternativen Nutzungsform für den öffentlichen Raum, den die Straße ja darstellt. Wie fühlt es sich an, wenn niemand auf Autos achten muss und die verschiedenen Angebote von Flohmarkt über Kinderschminken bis zu den kulinarischen Überraschungen ganz entspannt auf der Straße genutzt werden können? Welche Qualität erlangt der öffentliche Raum dadurch, und wie schätzen die unterschiedlichen Anwohner*innen und Passant*innen diese Qualität ein? Zum Glück schien bis auf einen kurzen Regenguss die Sonne. Die Bigband einer lokalen Schule spielte auf der eigens bereitgestellten Bühne. Das projekteigene Lastenfahrrad, das uns im Stadtteil so gute Dienste geleistet hatte, wollten wir öffentlichkeitswirksam einer lokalen Kindertagesstätte im Stadtteil überlassen – mit Erlaubnis des Mittelgebers BMBF. Insgesamt war das ausreichend Event-Charakter, um die Lokalpresse zu informieren und auch die Umweltbehörde und das Bezirksamt um ein Grußwort durch eine möglichst ranghohe Person zu bitten. An dieser Stelle fing es an, richtig kompliziert zu werden – und die Organisation der Straßensperrung, das Aufstellen der Buden, die Absprachen mit der Genehmigungsbehörde und der Polizei, das Klären rechtlicher Verantwortlichkeiten der beteiligten Partner*innen, das Zurverfügungstellen von Ordner*innen, die Anfrage für einen Sanitätsdienst etc. stellten auch schon einen erheblichen Koordinationsaufwand dar.

Richtig kompliziert wird es aber, wenn große Politik involviert ist. Wer kann sich eigentlich mit solch einem Projekt schmücken? Wer darf öffentlichkeitswirksam das Lastenfahrrad übergeben? Wer redet in welcher Reihenfolge und wie lange? Mit wem darf und soll die Presse reden? Diese Fragen stellten sich, weil sowohl der Umweltsenator (Bündnis 90/Die Grünen) als auch der Bezirksamtsleiter (SPD) ihr Grußwort zugesagt hatten. Wir waren höchsterfreut über so viel Aufmerksamkeit. Ein bisschen schwingt ja immer die Hoffnung mit, dass es nicht nur bei einem kurzen Grußwort bleibt, sondern dass das Thema klimafreundliche Stadtteilentwicklung auch stärker auf der politischen Agenda verankert wird und die Umsetzung im Bezirksamt auf höchster Ebene Unterstützung erfährt. Es entsteht jedoch ein gewisser Profilierungswettbewerb. Wir schmücken uns (oh, so hochrangige Grußworte), der Umweltsenator schmückt sich (seht her, es ist unser Leuchtturmprojekt), der Bezirksamtsleiter schmückt sich (jawohl, ich kümmere mich um meinen Bezirk), und das eigentliche Projektteam tritt dabei ziemlich in den Hintergrund. Die Ankündigung, dass in der nächsten Projektphase einige der vorgeschlagenen Maßnahmen auch umgesetzt werden sollen, klingt erstmal großartig. Die Projektleiterin muss dann allerdings einschränkend erläutern, dass es tendenziell um minimale Maßnahmen geht. Z. B.: Wir veranstalten einmalig einen Tauschtag, jawohl…

Immerhin haben wir das Fest klimafreundlich ausgerichtet und für Nachahmer*innen eine Handreichung online gestellt (www.hamburg.de/klimalokstedt). Also können wir hoffen, dass wir zumindest dem Klima nicht zusätzlich geschadet haben. Aber hat die wechselseitige Profilierung der Transformation genutzt? Hilft es der Transformation, Profilierungsanlässe zu schaffen? Was passiert, wenn das Fest vorbei und die Presse gegangen ist?

Die soziale Welt hat immer eine Vorder- und eine Hinterbühne. Auf der Vorderbühne geben sich die Handelnden einen guten Anschein und verhalten sich erwartungskonform. Auf der Hinterbühne findet das wahre Leben bzw. Sein statt. Es ist nicht grundsätzlich problematisch, dass eine gewisse Abweichung zwischen dem Sein und dem Schein besteht. Das ist normal, lässt uns im Alltag alle das Gesicht wahren und erlaubt ein geschmeidiges Miteinander. In manchen sozialen Situationen tritt die Orientierung am Schein jedoch stärker in den Vordergrund. Wann immer es um Karriereverläufe, öffentliche Unterstützung oder die Stimmen am Wahltag geht, treten Personen in einen Profilierungswettbewerb. Wir befinden uns unweigerlich in einer Aufmerksamkeitsökonomie, in der alle versuchen, das manchmal magere Sein etwas aufzupäppeln. Dass das zum politischen Grundgeschäft gehört, ist nachvollziehbar – um für eine Transformation eine politische Mehrheit zu organisieren, müssen sich die Parteien profilieren. Das gilt oft selbst für kleinste Veränderungen auf bezirklicher Ebene oder dem noch lokaleren Regionalausschuss. Und in ähnlicher Weise gilt das auch für alle anderen Bereiche.

Mit einer engen vertrauensvollen Zusammenarbeit quer über die Institutionengrenzen der verschiedenen Projektpartner*innen hinweg kann weitestgehend verhindert werden, dass die Profilierungsbemühungen Überhand nehmen. Das Sein hat gegenüber dem Schein eine echte Chance. Aber auch in unserem transdisziplinären Projekt ließ sich das nicht vollständig ausschalten. Die Projektleitung muss gegenüber der wissenschaftlichen Fachgemeinschaft gut dastehen und auch im Wettbewerb um die Aufmerksamkeit des Präsidiums der Universität glänzen. Die Mitarbeiter*innen verfolgen die unterschiedlichsten Karriereziele und müssen ein solches Projekt daher zwangsläufig auch zur positiven Selbstdarstellung nutzen. Was vielleicht weniger klar ist: Auch Vereine und lokale Initiativen buhlen um Aufmerksamkeit und Zulauf. Ehrenamtliches Engagement ist insbesondere im Laufe der Pandemie erheblich schwieriger und anstrengender geworden. Die Menschen haben weniger Ressourcen zur Verfügung und die Nerven liegen bei vielen blank. Jeder Verein, der zur Transformation beitragen will, muss daher auch immer wieder auf den Schein achten und sehr viel Zeit in profilbildende Kommunikation investieren. Es kommt also insgesamt immer wieder darauf an, ein Projekt so zu organisieren, dass trotzdem möglichst viel Energie in das Sein gesteckt wird. Vertrauen unter den Projektpartner*innen und das Ausloten vorhandener oder neuer Möglichkeitsräume auf Seiten von Politik und Verwaltung sind dafür zentrale Gelingensbedingungen.

Kapitel 3

Erklärungen

Die Beispiele unserer Erfahrungen haben gezeigt, dass größere Steuerungs- und Gestaltungserwartungen vorerst enttäuscht wurden. Wie wir im ersten Kapitel aber ja bereits festgestellt haben, war diese Erfahrung – soziologisch gesehen – zu erwarten. Doch was ist der Grund dahinter und warum sind unsere Erfahrungen mit großer Wahrscheinlichkeit auch übertragbar auf andere, ähnliche transdisziplinäre Projekte? Hier bieten sich verschiedene soziologische Erklärungsversuche an.

Gab es von einigen beteiligten Akteur*innen einen größeren Optimismus, dass komplexe gesellschaftliche Probleme durch transdisziplinäre Forschungsprojekte gelöst werden können, stand dem aus unserer Perspektive eine größere Skepsis gegenüber. Allerdings hatten ja alle beteiligten Partner*innen unterschiedliche Erwartungen und Interessen. Während wir als Soziolog*innen Alltagspraktiken verstehen und gesichertes Wissen über Transformationsprozesse generieren wollten, hatten die städtischen Partner*innen andere Interessen. Wollte die Umweltbehörde beispielsweise mehr Klimaschutz durch quantifizierbare und hochskalierbare Ergebnisse erreichen, so wollte das beteiligte Bezirksamt neue Formen der Beteiligung testen, anhand derer sie zukünftig auf einem niedrigeren Konfliktniveau planen könnten. Weiter gab es natürlich die Bewohner*innen des Stadtteils Lokstedt. Diese haben sicherlich sehr Unterschiedliches von einem solchen Prozess erwartet, sofern sie überhaupt ein Interesse an einer Beteiligung hatten. Doch allein durch die Tatsache, dass es sich um ihren Wohnort handelt, waren und sind sie von diesem Prozess betroffen und somit auch oft emotional involviert (vgl. Engels, Walz 2018). Kurzum, es gab viele Perspektiven zu berücksichtigen, mitunter sogar solche, die uns im Vorfeld gar nicht bekannt sein konnten.

Auch in der Forschung wird dieses Problem anerkannt, sodass eine wesentliche Aufgabe innerhalb solcher Reallabore darin gesehen wird, erstens die Unterschiedlichkeit der involvierten Akteur*innen anzuerkennen und ihren Bedürfnissen auf Augenhöhe zu begegnen. Zweitens müssen Reallabore den Erwartungen auf unterschiedlichen Ebenen gerecht werden (vgl. Böschen 2021; Gerhard,Marquardt 2017). Dies betrifft Erwartungen an die Inhalte des Projektes: Worum es eigentlich geht? Klimafreundliche Stadtteilentwicklung! Es betrifft außerdem den jeweiligen In- und Output, also die Beteiligung und die Ergebnisse. Schließlich geht es um den zeitlichen Erwartungshorizont: Private und wirtschaftliche Akteur*innen erwarten oftmals recht zeitnah Ergebnisse, die Forschung hat hingegen meist einen längeren Zeitraum im Blick. Daraus ergibt sich, dass es eine gute Organisation des Prozesses bedarf, die sich stetig in dem Spannungsfeld zwischen ausreichender Offenheit für all diese Perspektiven und einer gewissen Geschlossenheit bewegen muss, um mit dem Projekt handlungsfähig und ergebnisorientiert zu bleiben.

Innerhalb dieses Spannungsfeldes haben wir drei Ebenen ausgemacht, anhand derer wir unsere Erfahrungen systematischer einordnen und erklären können. Dabei handelt es sich erstens um die Ebene der institutionellen Eigenlogiken der beteiligten Organisationen, zweitens um die lokalen Eigenarten des Stadtteils und drittens um das Handeln und Kommunizieren in komplexen sozialen Settings.

Institutionelle Eigenlogik

Wie im Kapitel 1 des Buches bereits dargestellt, waren viele verschiedene Akteur*innen am Forschungsprozess beteiligt. Die Rolle von Reallaboren und transdisziplinären Forschungsprojekten ist es, diese Unterschiedlichkeit der Akteur*innen und deren spezifisches Können zusammen zu bringen, um ihre Differenz produktiv zu machen (Böschen 2021: 289). Es geht somit darum, Diversität positiv zu betrachten und den Mehrwert in der Vielfalt der Akteur*innen zu erkennen. Die einen haben eine große praktische, die anderen eine theoretische Expertise. Wiederum andere kennen die institutionellen Rahmen sehr gut und haben die Kompetenz an diesem zu arbeiten.

Zu Beginn besteht dieser Ansatz deshalb darin, den Erwartungshorizont der Akteur*innen überhaupt zu kennen (Gerhard, Marquart 2017: 108f.). Dieser ist bei den Akteur*innen breit gefächert und kann sogar gegensätzlich sein. Es ist schließlich anzuerkennen, dass es um sehr verschiedene Organisationen geht, die miteinander zusammenarbeiten sollen und wollen. Viele Probleme und Unwegsamkeiten unseres Prozesses lassen sich im Nachhinein über die Eigenlogiken der Institutionen erklären. Hier kommen insbesondere die Erlebnis-Episoden „Kommunikation ist Alles?!“ und „Hierarchie der Sachmittel“ in den Sinn. Was ist hiermit gemeint?

Sowohl die Universitäten als auch die Umweltbehörde bzw. die Leitstelle Klima, das Bezirksamt und auch die Praxispartner*innen stellen eigene Organisationen dar. Die Aufgaben, die sie erfüllen, sind sehr unterschiedlich. Universitäten forschen in der Regel und versuchen neue Erkenntnisse und Wissen zu generieren. Die Umweltbehörde möchte in ihren Bereichen, also dem Natur-, Gewässer- und Klimaschutz etc., Fortschritte erzielen. Sie ist jedoch auch parteipolitisch involviert und steht in Konkurrenz um begrenzte Ressourcen zu anderen Behörden. Außerdem ist sie eine staatliche Organisationseinheit der Exekutive und daher in die Etablierung und Einhaltung von Regeln und Gesetzen involviert. Ebenso verhält es sich beim Bezirksamt. Dieses hat im Mehrebenensystem der Stadt Hamburg jedoch weniger Gestaltungsspielräume. Bezirksämter sind in Hamburg für die Umsetzung politischer Entscheidungen zuständig. Ihr Interesse liegt somit darin, einen möglichst konfliktfreien Prozess der Umsetzung zu gestalten und zu verwalten. Die Praxispartner*innen wiederum haben ihre eigenen spezifischen Projekte, die sie umsetzen wollen. Einige waren beispielsweise besonders an innovativen und noch nicht etablierten Ideen interessiert. Etablierte Regeln und Gesetze standen diesen somit teilweise im Wege, wie besonders in der Erlebnis-Episode „Erlaubt, machbar oder utopisch?“ deutlich wird.

Alle diese Ziele, Aufgaben und Funktionen der involvierten Organisationen erfordern unterschiedliche Arbeitsweisen und eigene Prozessabläufe. Während das Universitätsteam versucht möglichst alle Erkenntnisse methodisch kontrolliert und abgewogen zu generieren und zu dokumentieren, benötigen Praxispartner*innen ggf. schnell Planungssicherheit und die Möglichkeit ihre Ideen so umzusetzen, dass sie sich auch finanziell tragen. Die Umweltbehörde wiederum braucht eine gewisse politische Unterstützung, um Projekte zu wagen und umzusetzen und ist somit auf gesellschaftliche Mehrheiten oder eine entsprechende Unterstützung aus Senat und Bürgerschaft angewiesen.

Es geht den Organisationen letztlich jeweils darum, Ungewissheiten und Risiken zu reduzieren und die zu bewältigenden Aufgaben in ihre jeweiligen kontext- bzw. organisationsspezifischen Prozesslogiken zu übersetzen (vgl. Baecker 1999; Luhmann 2008 [1986]). Entsprechend entwickeln Organisationen eine gewisse legitime Ignoranz gegenüber Problemen, die sie aus ihrer Funktion heraus nicht lösen müssen. Das Bezirksamt Eimsbüttel muss daher (zum Glück) keine wissenschaftlichen Erkenntnisse generieren und wir Forscher*innen (zum Glück) keine Verwaltungsakte ausführen.

Entsprechend ihrer institutionellen Logik besitzen alle hier beschriebenen Organisationen auch eigene Logos, benutzen unterschiedliche Kommunikationssoftware, haben flache und informelle oder eben steilere und sehr formale Hierarchien sowie je eigene Datenschutzrichtlinien (vgl. die Erlebnis-Episode „Kommunikation ist Alles?!").

Die Tatsache, dass alle Organisationen in ihrem Arbeitsalltag an unterschiedlichen Problemen arbeiten, relativiert vorerst die Ausgangsannahme, dass die Diversität der Akteur*innen eine Bereicherung für die Bearbeitung eines komplexen Problems ist. Zuerst macht diese Tatsache nämlich klar, dass alle Organisationen die gestellte Aufgabe (Klimaschutz im Stadtteil Lokstedt voranzutreiben) zuerst in ihre eigenen Prozess- und Arbeitslogiken übersetzen müssen. Während wir Soziolog*innen also erst einmal gründlich Daten sammeln und auswerten wollen, versucht die Umweltbehörde politische Mehrheiten für Maßnahmen zu gewinnen – ohne jedoch Unpopuläres zu wagen. Es geht somit zu Beginn des Prozesses darum, mit allen Beteiligten gemeinsam zu klären, wie das Problem überhaupt jeweils gelagert ist. Ist das Problem also, dass wir zu wenig Wissen haben? Oder dass die Behörden und Ämter zu wenige Handlungsspielräume haben? Sollten die Bürger*innen mehr Initiative zeigen? Oder sollte „die Politik" mehr machen? Wichtig ist dabei die unhintergehbare Erkenntnis, dass es nicht das eine „eigentliche" Problem gibt, sondern alle Beteiligten ihr jeweils spezifisches Problem vor Augen haben.

Weiter geht es darum, zu verstehen, wie die anderen jeweils arbeiten, was sie leisten können und welche Wege der Zusammenarbeit gegangen werden können. Hierbei stellt sich zudem die Frage, wer für welche Aufgabenbereiche im konkreten Projekt zuständig ist und für welche nicht.

Es wird schnell klar, dass die erste Phase des Projektes also darin bestehen muss, die Erwartungs-, Zeit-, Verantwortungs- und Kompetenzhorizonte gemeinsam auszuloten. Um also die Unterschiedlichkeit der involvierten Akteur*innen produktiv nutzen zu können, mussten wir sehr viel Zeit investieren, um die Eigenlogiken der jeweils anderen Institutionen zu verstehen.

Lokale Eigenart(en)

Der Wissenschaftliche Beirat der Bundesregierung Globale Umweltveränderungen (WBGU) stellte 2016 in seinem Gutachten drei zentrale Dimensionen für die sozial-ökologische Transformation von Städten heraus. Neben dem Erhalt der natürlichen Lebensgrundlagen und der gesellschaftlichen Teilhabe wurden lokale Eigenarten als dritte zentrale Dimension erkannt. „Die Dimension der Eigenart ist ein Plädoyer für die Vielfalt urbaner, zukunftsgerechter Entwicklungsprozesse. Sie betont die Bedeutung gewachsener Identitäten und Ortsfaktoren und die Notwendigkeit von Kreativität bei der Erarbeitung von Entwicklungspfaden. Aus Sicht des WBGU ist die städtische Eigenart Voraussetzung für eine auf Individualität, Eigenlogik und Diversität beruhende Vielfalt städtischer Transformation. Der Forschung kommt in diesem Zusammenhang die Rolle zu, Phänomene, Prozesse und Akteure der Eigenart zu erkunden, zu unterstützen und voranzutreiben" (WBGU 2016: 456). Auch bei unserem Transformationslabor stellten sich lokale Eigenarten als zentraler Faktor heraus, den wir immer wieder berücksichtigen mussten. Diesen als Vielfalt und Bereicherung aufzunehmen ist in der Theorie jedoch oft leichter gesagt, als in der Praxis getan (vgl. die Erlebnis-Episoden „Das heißt Looooookstedt, nicht Lokstedt" und „Das passende lokale Wissen").

Vorerst mussten wir erkennen, dass wir uns nicht in einem Labor befinden, in dem wir die Beobachtungsbedingungen kontrollieren können. Der untersuchte Stadtteil hatte zu Beginn unserer Forschung schließlich bereits eine lange und eigene Historie. Er ist im Laufe der Entwicklung der Stadt Hamburg von einem eher ländlich geprägten Vorort zu einem Stadtteil geworden, dem das Zentrum immer näher rückt. Prozesse zunehmender Verkehrsentwicklung und Verdichtung der Wohnbebauung führen, ebenso wie eine sich wandelnde Bevölkerungsstruktur, zu Veränderungen in den „sozialen Figurationen“ (Elias 2006 [1986]: 100). Das heißt, dass sich die Beziehungen zwischen den Menschen in Lokstedt untereinander, aber auch deren Beziehungen zu ihrem Stadtteil durch Prozesse der Urbanisierung sowieso in einem steten Wandel befinden. Die Folgen dieses Wandels treten individuell sehr unterschiedlich und oft auch konflikthaft in Erscheinung. „Neuerdings“ überfüllte Busse, neue Häuser im einst großen Hinterhof oder der alte Baum, der einem neuen Fahrradweg oder Parkplatz weichen musste, sind Ausdrucksformen dieser Veränderungen. Die Liste der Ereignisse, Veränderungen und auch die Erfahrungen im Austausch mit Behörden und Planungsstellen der Stadt und anderen privaten Akteur*innen ist somit lang. Folgerichtig fängt die Geschichte der Transformation des Stadtteils nicht mit unserem Forschungsprojekt an. Entsprechend mussten wir erstmal unsere Rolle im Gefüge des Stadtteils verstehen und auch lernen, dass diese durchaus divers und wandelbar ist (vgl. Rose et. al. 2019: 15). In einigen Situationen, vor allem im Gespräch mit den Akteur*innen vor Ort, ging es darum, erst einmal zuzuhören und zu verstehen. Andere Situationen verlangten eher nach einer Mediation und in wieder anderen Situationen ging es für uns darum Vorschläge zu machen oder auch Positionen einzunehmen.

Wir konnten somit nicht einfach in dieses Forschungsfeld eintauchen und unsere Expertise zur Lösung irgendwelcher Probleme anbieten. Wir mussten erst im Stadtteil ankommen und verstehen, was überhaupt die lokalen Probleme sind. Es ging darum nachzuvollziehen, welche Konflikte im Laufe der Stadtteilentwicklung aufgetreten waren und welche Bedeutung diese für die jeweils betroffenen Bewohner*innen hatten und haben. Erst dann konnten wir in einem nachfolgenden Schritt überlegen, wie das Thema des Klimaschutzes verbunden oder integriert werden konnte. In diesem Prozess mussten wir außerdem anerkennen, dass die Geschichte des Stadtteils keine einheitliche war und ist. Das Fällen von Bäumen für Radwege, der Bau von neuen Wohnungen oder auch die Umgestaltung ganzer Plätze führt zu unterschiedlichen Bewertungen – je nach Betroffenheit, sozialer Lage oder auch politischer Couleur. Eine wesentliche Konfliktlinie, die uns immer wieder begegnete, war die klassische Diskrepanz zwischen Alteingesessenen und „neu“ Zugezogenen. Hingen die Alteingesessenen oftmals einem vergangenen Bild von Lokstedt als Dorf und Vorort von Hamburg an, so konnten die Zugezogenen mit diesem Bild wenig anfangen – schließlich ist dieser Ort zentrumnah und gut angebunden.

Unsere Aufgabe bestand somit darin, diese Geschichten und Wertungen in all ihren Widersprüchen aufzunehmen und zu systematisieren. Schließlich mussten wir die Hoffnung nach der Entdeckung einer lokalen Eigenart, die die Praxishandbücher zu Reallaboren in uns geweckt hatte, mit der Erkenntnis vieler unterschiedlicher lokaler Eigenarten enttäuschen. Weiter mussten wir feststellen und auch deutlich machen, dass selbst diese erkannten Eigenarten keine festen oder konstanten Einstellungen oder Deutungsmuster darstellen, sondern auch sie sich im Wandel befinden. Veränderungen der Bevölkerungsstruktur durch Zu- und Wegzug und überlokale, z.T. sehr unerwartete Ereignisse wie z. B. Auswirkungen des Klimawandels durch Flutkatastrophen, die Covid-19-Pandemie oder auch der russische Krieg gegen die Ukraine lassen somit immer wieder alte Gewissheiten als überkommen erscheinen. Durch das Erkennen bestehender „alter" Konfliktlinien sowie von gescheiterten oder gelungenen Geschichten und Projekten konnten wir jedoch an etablierte Hoffnungen und Wünsche anknüpfen und diese mit neuen Ideen und Vorstellungen verbinden. So konnten wir beispielsweise durch unsere Interviews und Gespräche im Stadtteil bestätigen, dass es in Lokstedt keinen wirklichen Ort der Begegnung und kaum eine gemeinsame Öffentlichkeit gab. Wir erkannten, dass es für gemeinsame Projekte wie der Umsetzung klimaschützender Maßnahmen vorerst auch neuer Orte bedurfte, an denen Menschen sich treffen, kennenlernen, diskutieren und Vertrauen aufbauen können. So konnten wir zusammen mit unseren Projektpartner*innen Ideen entwickeln, in denen möglichst viele lokale Eigenarten ihren Platz hatten und haben.

Handeln und kommunizieren in komplexen sozialen Settings

Um zu verstehen, warum es mit der Kommunikation das eine ums andere Mal hakte und wir die Menschen im Stadtteil irritierten und auch selbst irritiert wurden, ist es sinnvoll, sich noch einmal genauer zu vergegenwärtigen, was ein Reallabor eigentlich auszeichnet. Der Begriff umfasst verschiedene Formen von Forschung, die jeweils Probleme experimentell aufgreifen und durch kollaboratives Handeln Lösungen erarbeiten (vgl. Böschen 2020: 4). Bei Reallaboren tritt die Wissenschaft in Kontakt mit der Zivilgesellschaft – verlässt also den so oft als Metapher genutzten Elfenbeinturm.

Reallabore sind keine komplett neue Methode, sondern bereits seit einigen Jahren ein beliebtes Mittel in der transdisziplinären Forschung. Vor dem Hintergrund einer Jahrhunderte alten Wissenschaftsgeschichte sind sie jedoch ein noch recht junges Phänomen. Laut Stefan Böschen sind sie eine Form der Forschung, die das alteingesessene Verhältnis zwischen Wissenschaft und Zivilgesellschaft neu ordnet. Statt Distanz zu wahren und in abgeriegelten Laboren wertneutral und methodisch einwandfrei Erkenntnisse zu produzieren, bewegt sich die Wissenschaft in Reallaboren auf die Zivilgesellschaft zu und tritt in einen direkten Austausch. Reallabore stellen „höchst anspruchsvolle epistemische und soziale Prozesse" dar (vgl. Böschen 2020: 2). Und in eben einem solch höchst anspruchsvollen Kontext bewegten wir uns im Projekt. Zunächst einmal stellen Reallabore reale Interventionen dar, die in den Alltag der Beteiligten eingreifen und somit auch aus rechtlicher Sicht umsetzbar sein müssen. In unserem Fall trug auch unsere thematische Verortung zum komplexen Setting bei: Städtische Transformation hin zu einer klimafreundlichen Stadtentwicklung ist ein komplexes und meist auch kontroverses Thema. Hier treffen verschiedene Perspektiven aufeinander, wenn es darum geht, Prioritäten für Maßnahmen zu diskutieren (vgl. Engels, Walz 2018: 44). Der Klimawandel und seine Folgen sind für viele Menschen außerdem immer noch recht abstrakt – selbst wenn die Effekte in den letzten Jahren mehr und mehr zu spüren sind, auch in Lokstedt. Vor allem in Krisenzeiten treten andere, als dringender wahrgenommene Themen in den Vordergrund des Alltags von Menschen, sodass Reallabore zur klimafreundlichen Stadtentwicklung eben auch auf Unverständnis treffen können.

Durch unsere Projektstruktur waren verschiedene Institutionen – zwei Universitäten, ein Bezirksamt und eine Behörde – gemeinsam beteiligt. Alle folgen, wie bereits erläutert, jeweils eigenen institutionellen Logiken. Daraus erfolgten unterschiedliche Deutungen des Projektes, der Projektpartner*innen und der Anliegen der Bürger*innen. Letztlich handelt es sich um

Für Lokstedt gab es keine Blaupause. Jedes neue Forschungsprojekt erfordert, die lokal-spezifische Komplexität und die Gegebenheiten kennenzulernen und sich darauf einzustellen.

unterschiedliche Deutungen der Welt (vgl. Engels, Walz 2018: 41). Erforderlich ist es also, zunächst eine gemeinsame Sprache zu finden, um Missverständnisse möglichst gering zu halten.

Doch während bei unseren Partner*innen irgendwann klar war, welchen Logiken sie folgten, konnten wir uns bei der Zivilgesellschaft nicht vergleichbar verlässlich darauf einstellen (Engels, Walz 2018: 43). Jedes spontane Gespräch war wieder eine neue Herausforderung, da wir nicht wussten, welchen Hintergrund unsere Gesprächspartner*innen jeweils hatten. Dazu kommen weitere Herausforderungen. So ist die Kooperation zwischen Wissenschaft und Zivilgesellschaft eher selten. In dieser Konstellation sind in der Regel Ressourcen ungleich verteilt, es herrschen unterschiedliche Wissensstände und oft fehlt erst einmal das Vertrauen zueinander (Böschen 2020: 2f.).

Alles in allem war unser gesamter Forschungsrahmen also „messy", und zwar aus diesen systematischen Gründen und nicht, weil wir keine Ordnung hineingebracht hätten. Unsere kleinen und großen Kommunikationsdebakel sowohl im Projekt selber als auch mit der Zivilgesellschaft erscheinen vor diesem Hintergrund gar nicht mehr so außergewöhnlich.

Eine Möglichkeit, damit umzugehen, ist es ein großes Repertoire von Sprechweisen zu beherrschen und schnell zwischen ihnen wechseln zu können, je nachdem in welcher Situation man sich gerade befindet, bzw. welche Gruppe mit welchem Medium erreicht werden soll. Ein Gespräch mit Bürger*innen vor Ort erfordert eben eine andere Kommunikation als Aushandlungsprozesse mit Projektpartner*innen, wissenschaftliche Publikationen oder Interviews mit der lokalen Presse (vgl. Engels, Walz 2018: 43). Und auch wenn es mal hitzig wird, sollte das nicht gleich eine Abkehr vom Forschungsdesign nach sich ziehen – auch Kritik ist eine Form von Engagement und sollte zunächst ernst- und aufgenommen werden. Für uns hat sich letztlich vor allem der persönliche und offene Austausch untereinander im Projektteam wie auch mit den Menschen vor Ort als wertvoll erwiesen. Immer wieder miteinander in Kontakt zu treten, die eigene Position und Perspektive zu erläutern und auch die Kritik der Menschen vor Ort ernst zu nehmen, trug zum Erfolg des Projektes bei. Da ist es letztlich verschmerzbar, immer wieder erklären zu müssen, warum in der qualitativen Forschung Interviews in 30 Haushalten wirklich ausreichend Erkenntnisse liefern.

Mit unserem Forschungsdesign haben wir uns in ein komplexes Setting begeben, was ein ums andere Mal zu Frustration führte und eben nicht genau so ablief, wie es die Literatur zu Reallaboren vorsieht und wie wir es geplant hatten. Für Lokstedt gab es keine Blaupause. Jedes neue Forschungsprojekt erfordert, die lokal-spezifische Komplexität und die Gegebenheiten kennenzulernen und sich darauf einzustellen. Bei all den genannten Schwierigkeiten haben sich Reallabore im Projekt als sinnvoll gezeigt. Wir würden diese Art der Forschung weiterhin nutzen. Ziel von Reallaboren ist es, Diskussionen und vor allem Transformationen anzustoßen. Und das konnten wir in Lokstedt beobachten.

Kapitel 4

Ergebnisse

Zum Schluss soll gefeiert werden! Die Abschlussveranstaltung unseres Projekts war ein großes klimafreundliches Straßenfest mit vielen lokalen Akteur*innen und Initiativen aus dem Stadtteil, Flohmarkt, lokalen Essensangeboten, Reden auf der Bühne und musikalischem Ausklang mit der Big Band eines der ansässigen Gymnasien. Ein angemessener Abschluss! Wir haben das Projekt überlebt.

Also zumindest Projekt Nr. 1 (2016-2019). Mit dem erfolgreich beantragten Folgeprojekt konnten wir weitere Reallabore in Lokstedt durchführen und an unsere Erfahrungen anknüpfen (2020-2022). Nachdem die Pandemie uns zunächst ausgebremst hat, kam immer wieder die Idee auf, ein Buch über die konkreten Forschungserfahrungen zu schreiben, wie man es vermutlich nicht in der normalen Forschungsliteratur finden würde – ein Blick hinter die Kulissen. Während wir also bereits im Folgeprojekt arbeiteten, nahmen wir uns endlich die Zeit, das erste Projekt in entspannter Runde Revue passieren zu lassen und über unsere Eindrücke zu sprechen. Die Frage, auf die wir immer wieder zurückkamen: War es das alles wert? Sie schwebte drohend im Raum, also wichen wir ihr aus, so lange es ging und sprachen stattdessen über die „kleinen Erfahrungen". Was war uns besonders im Gedächtnis geblieben und was würden wir beim nächsten Mal anders machen? So sind die Erlebnis-Episoden entstanden, die das zweite Kapitel ausmachen. Aber die großen Fragen bleiben ja: Hat sich das Projekt gelohnt? Für wen hatte es welchen Nutzen? Können wir legitimieren, dass öffentliche Gelder in solche Projekte fließen? Sind sie hilfreich für die große Transformation?

Die direkte Messlatte für Transformationsprojekte im Klimaschutzbereich wäre die Menge an CO_2 oder anderen Treibhausgasen, die durch das Projekt eingespart werden konnte. Das Projekt „Klimafreundliches Lokstedt" kann daran jedoch nicht gemessen werden. Die experimentellen Umsetzungen von einzelnen Vorschlägen auch im Folgeprojekt ab 2020 hatten allesamt nicht den Umfang, der zu einer messbaren Einsparung hätte führen können. Eine

Reduzierung der Bewertung auf konkrete CO_2-Einsparungen greift daher zu kurz, weil es in unseren Reallaboren ja erst einmal darum ging, die lokalen Grundlagen für tiefgreifende Transformationen zu schaffen und gemeinsam nach sozial robusten Wegen der Transformation zu suchen.

Klimafreundliche Stadtteilentwicklung erfordert übergreifende gesellschaftliche Veränderungen, die sowohl die Verwaltung, die Politik wie auch die Bevölkerung umfassen. Materielle Elemente der Stadt wie z. B. Gebäude und Mobilitätsinfrastrukturen lassen sich zumindest theoretisch relativ einfach klimafreundlicher erstellen. Das gilt allerdings vor allem bei Neubauten und in neugeplanten Quartieren. Wenn ein bestehendes Gebäude involviert ist, das für den Neubau abgerissen werden muss, stellt sich bereits die Frage, in welchem Maße dieses in einer Gesamtbilanzierung noch als klimafreundlich bezeichnet werden kann. Für eine tiefgreifende Veränderung von bestehenden Stadtteilen in Richtung Klimafreundlichkeit sind insgesamt umfassendere Transformationsprozesse erforderlich, die vorbereitet, angefangen, fortgesetzt und vor allem fortlaufend durchgeführt werden müssen. Auch bestehende Entscheidungsstrukturen und Entscheidungsprozesse müssen dafür immer wieder hinterfragt werden. Damit sind insbesondere die Strukturen und Prozesse in der Verwaltung und der Politik, aber auch die Praktiken der Bewohner*innen vor Ort gemeint. Es muss dabei gelingen, Lösungsansätze zu generieren, die Klimaschutz mit lokalen Zielen für die Stadtteilentwicklung verbinden und zusätzliche Qualitäten für die Alltagsorganisation der Bewohner*innen hervorbringen. Letztendlich geht es um (selbstverständliche und) nachhaltige Änderungen der Lebensgewohnheiten und Anpassungen der Bedürfnisse, verbunden mit einem langfristigen Bewusstseinswandel. Das kann nur dann erfolgen, wenn sich auch die politischen, rechtlichen, wirtschaftlichen und infrastrukturellen Rahmenbedingungen ändern.

Hinzu kommt die Diskrepanz zwischen der Größe des Klimaproblems und der Kleinräumigkeit der lokalen Umsetzungsversuche. Klimawandel bedeutet langfristig eine existentielle Bedrohung – und nun stehen ein paar Leute von der Universität in blauen Projekt-T-Shirts vor der Bäckerei im Stadtteil und möchten über Energiesparen, Fahrradfahren und Abfalltrennung in Lokstedt reden. Das kann bei dem einen oder der anderen auch schon mal Frustration auslösen, die auch durchaus berechtigt ist. Es ist wichtig, die großen Fragen zu adressieren und die damit einhergehenden Verantwortlichkeiten der Politik, der Konzerne und aller gesellschaftlichen Gruppen zu benennen. Gleichzeitig ist es nicht hilfreich, wenn man selbst in Lähmung verfällt, solange „die anderen" nichts machen. Uns ist bewusst geworden, wie wichtig es ist zu zeigen, dass man Komplexitäten und Inkonsistenzen manchmal einfach aushalten muss. Komplexitäts- und Ambiguitätstoleranz sind wichtige Voraussetzungen auf dem Weg zur großen Transformation. Dazu muss eine Anerkennung erfolgen, dass Klimapolitik im echten Leben genauso wie unsere Versuche, transformative Wege zu erproben, voller Widersprüche steckt.

Vernetzung sorgt für Synergieeffekte und langanhaltende Wirkung

Eine dichte Vernetzung von zivilgesellschaftlichen, wissenschaftlichen, politischen, Verwaltungs- und weiteren städtischen Akteuren schafft wichtige Voraussetzungen für die Transformation im Sinne von dauerhaften Strukturveränderungen zur systematischen Verbindung von Klimaschutz und Stadtteilentwicklung. Auf diesem Wege können Synergieeffekte und langanhaltende Wirkungen erzeugt werden, da die jeweilige Veränderung nicht mehr als isoliert, einzeln oder erzwungen angesehen wird, sondern als gemeinschaftliche Verbesserung aus dem Quartier oder dem Stadtteil heraus.

Es wurde immer wieder deutlich, dass der Klimaschutz allein als Veränderungsmotivation für die beteiligten Akteur*innen nicht ausreicht. Für eine selbsttragende Dynamik muss stärker an anderen lokal vorherrschenden Qualitäten und Logiken angesetzt werden. Es geht darum, in den Modus des gemeinschaftlichen Umsetzens zu kommen. Dazu ist es notwendig, Vertrauen aufzubauen und Missverständnisse aufzuklären. Ganz zentral ist dabei, dass Aktivitäten mit einer gewissen Dauerhaftigkeit und Langfristigkeit und tatsächlich konkret vor Ort gefördert und begleitet werden, statt von irgendwo anders her initiiert und nur punktuell umgesetzt zu werden. Der Klimaschutz und die Motivation, sich daran zu beteiligen, müssen vor Ort entstehen und breit getragen werden. Durch eine frühzeitige Einbindung auf lokaler Ebene kann zudem die Akzeptanz für Klimaschutz- und Anpassungsmaßnahmen wachsen und eine aktive Träger*innenschaft für transformative Maßnahmen gefördert werden. Außerdem muss der Klimaschutz langfristig in die Kernaufgaben aller Abteilungen in der Verwaltung, in die Vereinbarungen mit öffentlichen Träger*innen, in die Überlegungen von Vereinen und Stadtteilinitiativen eingebaut werden, damit er nicht immer als lästige und schwierig umzusetzende Zusatzaufgabe angesehen wird.

Gesellschaftliche Voraussetzungen sind zentral für die Umsetzung auf lokaler Ebene

Im Ergebnis können die Projektresultate daher nicht an einer tatsächlichen oder vermuteten CO_2-Einsparung gemessen oder dargestellt werden, sondern an der Verbesserung der gesellschaftlichen Voraussetzungen für eine Transformation auf der lokalen Ebene: Vertrauen, Kommunikations- und Kompromissfähigkeit, Flexibilität, Einsatzbereitschaft, gegenseitige Kenntnis und Verständnis sowie eine wachsende Vernetzung. Die Akteur*innen vor Ort werden somit zur Grundlage für klimafreundliche Transformationsprozesse.

Dieses stellt letztendlich eine Kernanforderung für die Planung, Anwendung und vor allem Durchführung von Klimaschutz dar und erleichtert die Umsetzung der Maßnahmen aus übergeordneten Klimaschutzkonzepten, vor allem sofern eine geänderte Anspruchs- und Erwartungshaltung bei der lokalen Bevölkerung und den lokalen Initiativen erreicht werden kann.

Vor diesem Hintergrund sehen wir die Erfolgsbilanz unseres Projekts daher unterm Strich doch positiv: Wir haben das abstrakte Thema des Klimaschutzes auf die lokale Ebene gebracht und waren als Personen dazu präsent und ansprechbar. Klimafreundlichkeit als Ziel, mit dem sich viele gesellschaftliche Akteure beschäftigen, wurde dadurch greifbarer. Wir sind mit unzähligen Menschen ins Gespräch gekommen. Viele von ihnen hatten sich vorher nicht mit Klimaschutz oder mit den Anforderungen an ein klimafreundlicheres Leben auseinandergesetzt. Für andere war das Thema bereits seit langem sehr akut. Wir haben mit den Menschen über (nicht) machbare Veränderungen, aktuelle Schieflagen und politische Unstimmigen gesprochen, über Generationenkonflikte und stadtteilspezifische Problemlagen. Wir haben Akteure miteinander ins Gespräch gebracht, die sich sonst nicht austauschen würden und auf der lokalen Ebene Netzwerke und Initiativen verfestigt. Menschen sind wiederholt zu unseren Veranstaltungen und Gesprächsrunden gekommen. Gesellschaftliche Innovationen verbreiten sich über Beziehungen, d. h. auf dem lokalen Level sind dies Nachbarschaften und Quartiere.

Wir haben zwischen Lebenswirklichkeiten vermittelt, die bei der Stadtteilentwicklung aufeinanderprallen und in der Regel zu sehr unterschiedlichen Erwartungshaltungen führen und Veränderungen in unterschiedlichen Geschwindigkeiten ermöglichen: die Perspektive der Verwaltung und der Bewohner*innen vor Ort. Die wenigsten Bewohner*innen haben im Alltag einen direkten Zugang zur lokalen Verwaltung, haben aber den Wunsch ihre Perspektive niedrigschwellig einbringen zu können. Und sie wollen Ergebnisse sehen. Für die Verwaltung stellt so ein Projekt die Möglichkeit dar, neue Schwerpunkte zu setzen und alten Diskussionen (z. B. Nachverdichtung) neue Richtungen zu geben. Aber es ist und bleibt Mehraufwand, der auch innerhalb der Verwaltung immer wieder aufs Neue legitimiert werden muss. Ein direktes Feedback unseres Partners im Bezirksamt geben wir hier einmal wörtlich wieder, um diese Punkte zu verdeutlichen: „Aus Verwaltungsperspektive wird mir immer wieder deutlich, dass es zwei Lebenswirklichkeiten gibt. Die Verwaltungssicht und die vor-Ort-Perspektive. Beide haben unterschiedliche Erwartungen aneinander und auch andere Geschwindigkeiten und Fokusse. Selbst wenn wir mehr als der Standard machen, kann dieses vor Ort als zu wenig angesehen werden. Ein Ort freut sich aber einfach sehr, wenn sich ehrlich um ihn gekümmert wird, aber vielfach fehlt auf Verwaltungsseite die Zeit dafür. Auch auf unserer Seite war es sehr schwer, den Rest der Verwaltung zu überzeugen. Es war vielfach ein ‚Bonusprojekt' und Extraarbeit. Die einen engagieren sich sehr unentgeltlich in ihrer Freizeit und die anderen arbeiten missmutig mit, obwohl sie dafür bezahlt werden. Es stellt für mich trotzdem einen riesigen Mehrwert dar. Lokstedt hat sich durch das Vorhaben von einem latent missmutigen, lauter werdenden und strapazierten Stadtteil zu einem ‚innovativen' Stadtteil gewandelt. Immer noch am Wachsen, aber es gibt eben andere Themen und eine andere Wahrnehmung auf die Verwaltung. Mehr auf ‚Augenhöhe' und gegenseitigen Respekt?! Eine tolle Entwicklung."

All diese Erfahrungen haben wir in das zweite Projekt (2020 – 2022) mitgenommen. Und es passierte etwas, Veränderungen wurden wahrnehmbar. In der zweiten Phase sind Menschen, Institutionen und Vereine auf uns zugekommen, die sich inhaltlich austauschen wollten, die gerade damit gestartet waren, auch für ihren jeweiligen Kontext zu überlegen, was es bedeutet klimafreundlicher zu werden. Vernetzungen kamen in Gang, die noch vor einigen Jahren nicht möglich gewesen wären. In der kommunalen Verwaltung wurde das erste Klimaschutzkonzept verabschiedet. Auch das ist etwas, das zu Beginn des ersten Projekts in weiter Ferne schien. Aber nicht alle Unterschiedlichkeiten ließen sich konstruktiv nutzen. Die zentrale Quartiersstraße und möglicher Stadtteilkern erlebte ein Verkehrslabor zur Verkehrsberuhigung, das im Zuge der temporären Umwidmung eher zu größeren Konflikten führte. Nicht alle Experimente gelingen – das ist das Wesen des Experimentierens, und wir brauchen definitiv viel mehr davon.

Kann man die Experimente und die hier beschriebenen mühsamen Prozesse jetzt nicht einfach abkürzen? Beschleunigen, denn wir wissen jetzt, wie es geht? Wir glauben, dass das nur begrenzt möglich ist. Denn was auch deutlich wird: derzeit verhärten sich durch multiple Krisenerfahrungen (Pandemie, Krieg, Energiekrise, Inflation) die Fronten, wir erleben zunehmende gesellschaftliche Spannungsverhältnisse, die man ernst nehmen muss. Und hier können transdisziplinäre Projekt wirken, indem sie vermitteln und Gesprächsräume eröffnen. Am Ende ist für uns das Ziel, das erreichbar erscheint, die gesellschaftlichen Grundlagen für die großen transformativen Umbrüche zu verbessern, indem eine verbesserte Gesprächs- und Diskussionsbasis entsteht.

Doch auch hierfür braucht es Formate von Dauer. Selbst wenn sich Netzwerke durch transdisziplinäre Projekte entwickeln und genau die erwünschten Wirkungen erzielen, braucht es dauerhafte Unterstützung, die über die Logik von zeitlich begrenzten Projekten hinausgeht. Rose et al. (2019: 22) sprechen von 5 – 50 Jahren als angemessene Dauer von Reallaboren, um der Zeitlichkeit der erforderlichen gesellschaftliche Dimension Rechnung zu tragen. Auch wenn man nun nicht gleich in 50-Jahr-Schritten denken muss, wäre eine Institutionalisierung der durch Reallabore erreichten Vernetzung und Etablierung innerhalb eines lokalen Kontextes eine hilfreiche Unterstützung auf dem Weg zu mehr Klimaschutz. Dadurch können immer weiter neue Träger*innen der gesellschaftlichen Transformation gewonnen werden – d. h. konkret Einzelpersonen, Initiativen, Vereine, lokale Unternehmen – die zu einer wirklich breiten, aktiven gesellschaftlichen Dynamik beitragen. Die Vorschläge müssen zudem in der politischen Sphäre aufgegriffen und in die Breite getragen werden. Dies ist in den vergangenen Jahren nicht im erforderlichen Umfang passiert. In der Politik wird immer noch zu zögerlich auf die Herausforderungen der Klimakrise reagiert. Es braucht daher umso dringender das Einfordern und Mittragen der Veränderungen aus allen gesellschaftlichen Kreisen und Institutionen.

Transdisziplinäre Forschungsprojekte können wichtige wissenschaftliche Legitimation für die erforderlichen Veränderungen bereitstellen. Sie können bewerten, welche Ansatzpunkte vielversprechend sind und zwischen der wissenschaftlichen Sphäre, dem gesellschaftlichen Mainstream, der Verwaltung und aktivistischen Kontexten vermitteln. Sie füllen damit eine Lücke auf dem breiten Strang der gesellschaftlichen Akteure, die sich im Kontext der Klimakrise engagieren. Fazit: Einiges würden wir anders machen, aber wir würden es auf jeden Fall wieder tun!

1 Projektpartner*innen in ihrer Eigenlogik anerkennen: Transdisziplinäre Projektmitglieder bleiben immer Vertreter*innen ihrer jeweiligen Institution mit der entsprechenden Eigenlogik. Damit werden im Projektteam auch unterschiedliche Ziele verfolgt. D.h. es geht um den Aufbau von Vertrauen und das Lernen voneinander, so dass man sich der Unterschiede bewusst ist und dennoch das Projekt gemeinsam bearbeiten kann. Bei Projektbeginn zu verstehen, wie die Eigenlogiken der anderen Partner*innen funktionieren, was die jeweiligen Handlungsbedingungen sind, ist gut investierte Zeit.

2 Alles steht und fällt mit den Personen: Projektstrukturen geben Orientierung, dennoch ist die tatsächliche Zusammenarbeit in transdisziplinären Teams sehr offen in der Ausgestaltung. D.h. die Projekte leben davon, dass Personen zusammenkommen, die gemeinsam Neues ausprobieren wollen. Und das klappt am besten, wenn man gut miteinander klarkommt, Ambiguitäten aushalten kann, über Gegensätze hinweg kommuniziert, flexibel bleibt und auch Gegenwind von außen aushält. Das Projekt mit einem Team-Retreat zu starten ist da ein guter Anfang.

3 Going Native! Den Forschungsraum kennenlernen. Und zwar gründlich und zu Beginn. Zusammen mit wirklich allen im Team ungeachtet der Hierarchien eine lokale Begehung durchführen, räumliche Besonderheiten und lokale Akteur*innen kennenlernen, sich Geschichten aus dem Stadtteil erzählen lassen, die politische Landschaft verstehen und lernen, welche Themen vor Ort eine zentrale Rolle spielen. Wenn die lokale Verankerung des Projekts schon im Antrag strukturell verfestigt werden kann (z. B. durch einen oder mehrere lokale Partner*innen), umso besser.

4 Zeit für interne Kommunikation: Technologische Innovationen helfen nicht immer. Im Team entscheiden, in welche Austausch- und Organisationsplattform Zeit, Ressourcen und Einarbeitung gesteckt werden soll. Im Zweifelsfall lieber die pragmatische Option wählen. Und feste Teamrunden etablieren, im besten Fall persönlich in Präsenz (wenn gerade keine Pandemie den Alltag bestimmt).

5 Ressourcen für Öffentlichkeitsarbeit einplanen: Projekte müssen in der heutigen Aufmerksamkeitsökonomie bestehen, zumindest diejenigen, die einen starken Fokus auf den Einbezug der Bevölkerung legen. Dafür braucht es gute Öffentlichkeitsarbeit, die wiederum Fähigkeiten sowie zeitliche und finanzielle Ressourcen voraussetzt. Auch hier zu Beginn in Workshops und Weiterbildungen investieren, von vorhandenen Angeboten Gebrauch machen (auf der Homepage des Synthese- und Vernetzungsprojekts SynVer*Z finden sich viele Erfahrungsberichte der Zukunftsstadt-Projekte: https://www.nachhaltige-zukunftsstadt.de/new/aktuelles/sammelband-reallabore) oder professionell extern vergeben, wenn es die Mittel hergeben.

6 Die Kneipe ist kein Hörsaal: Verschiedene Situationen erfordern unterschiedliche Sprachen und Rollen. Wir alle spielen unterschiedliche Rollen und in so einem Projekt gibt es ziemlich viele Bühnen, die man bedienen kann. D. h. den jeweiligen Kontext ernst nehmen und Vorarbeit in die Übersetzung der eigenen Anliegen stecken.

7 Qualitative Einsicht vs. Trust in Numbers: Viele Menschen erwarten quantitative Darstellungen und trauen nur Aussagen, die mit Zahlen belegt werden können. Als qualitatives Forschungsprojekt lernen, den Vorteil der gewählten Perspektive zu kommunizieren. Auch hier ist Übersetzungsarbeit gefragt, um Inhalte und Ergebnisse leichter verständlich zu vermitteln.

8 Flexibler Umgang mit formaler Struktur und Hierarchie: Wer ist wirklich für welche Aufgabe am besten geeignet? Manchmal müssen auch die Sachmittel (auch bekannt als Studierende) sprechen dürfen. Und manchmal muss man die Regeln kennen, um sie elegant zu umgehen. D. h. herausfinden, welche formalen Strukturen vorhanden sind, und wie stark die Projektpartner*innen deren formale Einhaltung für erforderlich ansehen.

9 Radikaler Zielhorizont? Transformation kann vieles sein. Im Projekt eine gemeinsame Vorstellung entwickeln, wie weit man die Handlungsspielräume ausdehnen kann. Projekte können zwischen Utopie-Anspruch und Machbarkeits-Restriktionen zerrieben werden. Pragmatisch mit unterschiedlichen Transformationsvorstellungen umgehen und im Erwartungsmanagement nach außen klar kommunizieren.

10 Komplexität und Widersprüchlichkeit anerkennen: Klimapolitik und Versuche der Transformation sind nicht konsistent. Es sind Prozesse voller Widersprüchlichkeiten und Umwege, holprig und mühsam. Mit einem transdisziplinären Projekt gerät man in genau diese Gemengelage und muss sich dazu verhalten, ohne dabei die Widersprüche auflösen zu können.

11 Gelassenheit entwickeln: Dinge gehen schief, Menschen (wir alle!) sind anstrengend, vor allem auch, wenn wir unsere jeweiligen Komfortbereiche verlassen. Sich darüber freuen, wenn etwas super gelaufen ist und Erfolge feiern! Ein bisschen Spaß muss ein.

Baecker, Dirk (1999). Organisation als System. Frankfurt a.M. Suhrkamp.

Bergmann, Matthias, Schäpke, N., Marg, O., Stelzer, F., Lang, D. J., Bossert, M., ... & Sußmann, N. (2021). Transdisciplinary sustainability research in real-world labs: success factors and methods for change. Sustainability Science, 16(2), 541-564.

Böschen, Stefan (2020). Reallabore – Transformationsräume Öffentlicher Soziologie. In: Selke, S., Neun, O., Jende, R., Lessenich, S., Bude, H. (Hg.) Handbuch Öffentliche Soziologie. Öffentliche Wissenschaft und gesellschaftlicher Wandel. Springer VS, Wiesbaden. https://doi.org/10.1007/978-3-658-16991-6_30-1

Böschen, Stefan (2021). Reallabore: Versammlungen unterschiedlicher Formen des Doing Sustainability verstehen – und gestalten. Soziologie der Nachhaltigkeit, Bielefeld: transcript Verlag, 285-296. https://doi.org/10.1515/9783839451991-013

De Flander, Katleen, Hahne, U., Kegler, H., Lang, D. J., Lucas, R., Schneidewind, U., ... & Wiek, A. (2014). Resilienz und Reallabore als Schlüsselkonzepte urbaner Transformationsforschung: Zwölf Thesen. GAIA 23, 3, 284-286.

Elias, Norbert (2006) [1986]. Figuration, sozialer Prozess und Zivilisation: Grundbegriffe der Soziologie. In Aufsätze und gesammelte Schriften III. Berlin. Suhrkamp.

Engels, Anita, Marotzke, J., Gonçalves Gresse, E., López-Rivera, A., Pagnone, A., Wilkens, J. (eds.) (2023). Hamburg Climate Futures Outlook 2023. The plausibility of a 1.5 °C limit to global warming – Social drivers and physical processes; Cluster of Excellence Climate, Climatic Change, and Society (CLICCS). Hamburg, Germany; DOI: 10.25592/uhhfdm.11230

Engels, Anita, Walz, K. (2018). Dealing with Multiperspectivity in Real-World Laboratories. Experiences from the Transdisciplinary Research Project Urban Transformation Laboratories. GAIA 27/S1, 39-45.

Evans, James, Karvonen, A. (2014). 'Give me a laboratory and I will lower your carbon footprint!'—Urban laboratories and the governance of low-carbon futures. International Journal of Urban and Regional Research, 38(2), 413-430.

Gerhard, Ulrike, E. Marquardt. (2017). Reallabore als innovatives Forschungsformat zur Untersuchung nachhaltiger Stadtentwicklung – eine kritische Reflexion. Berichte. Geographie und Landeskunde 91/1, 97–111.

Groß, Matthias, Hoffmann-Riem, H., Krohn, W. (2005). Realexperimente. Ökologische Gestaltungsprozesse in der Wissensgesellschaft. Bielefeld: transcript.

Lawrence, Mark G., Williams, S., Nanz, P., & Renn, O. (2022). Characteristics, potentials, and challenges of transdisciplinary research. One Earth, 5(1), 44-61.

Lessenich, Stefan (2016). Neben uns die Sintflut: die Externalisierungsgesellschaft und ihr Preis. Hanser Berlin.

Luhmann, Niklas 2008 [1986]. Ökologische Kommunikation. Wiesbaden. VS Verlag.

Rose, Michael, Wanner, M., Hilger, A., Deffner, J., Führ, M., Kleinhauer, S., & Schenten, J. (2019). Das Reallabor als Forschungsprozess und-infrastruktur für nachhaltige Entwicklung: Konzepte, Herausforderungen und Empfehlungen. Wuppertal Papers, No. 196.

Schäpke, Niko, Stelzer, F., Bergmann, M., Singer-Brodowski, M., Wanner, M., Caniglia, G., & Lang, D. J. (2017). Reallabore im Kontext transformativer Forschung: Ansatzpunkte zur Konzeption und Einbettung in den internationalen Forschungsstand. IETSR Discussion Papers in Transdisciplinary Sustainability Research. 1/2017.

WBGU Wissenschaftlicher Beirat globale Umweltveränderungen (2016). Der Umzug der Menschheit: Die transformative Kraft der Städte. Berlin. WBGU.

WBGU Wissenschaftlicher Beirat globale Umweltveränderungen (2011). Welt im Wandel. Gesellschaftsvertrag für eine Große Transformation. Berlin. WBGU.